测绘地理信息知识丛书

测绘系列

北京市地名普查100问

主　编　杨伯钢

编写组　张保钢　吴　飞

　　　　姜青香　杨川石

测绘出版社

·北京·

内 容 提 要

本书由北京测绘学会组织北京市有关专家编写，是关于第二次全国及北京市地名普查的专业技术科普读物。根据地名普查不同作业阶段的工作内容，以提问形式解读地名普查的内容、方法、步骤，以及地名普查的准备工作、地名调查与数据处理、地名数据库建设、地名标准化和普查成果的应用。结合北京实际情况，还介绍了北京的地名特色和部分北京地名故事。

图书在版编目（CIP）数据

北京市地名普查100问 / 杨伯钢主编. —北京 ：测绘出版社，2017.11
（测绘地理信息知识丛书. 测绘系列）
ISBN 978-7-5030-4078-8

Ⅰ. ①北…　Ⅱ. ①杨…　Ⅲ. ①地名—普查—北京—问题解答　Ⅳ. ①K921-44

中国版本图书馆CIP数据核字（2017）第268531号

责任编辑 王佳嘉　**封面设计** 李 伟　**责任校对** 刘 策 陈西娅　**责任印制** 陈 超

出版发行	测绘出版社	**电　话**	010—83543956（发行部）
地　址	北京市西城区三里河路50号		010—68531609（门市部）
邮政编码	100045		010—68531363（编辑部）
电子邮箱	smp@sinomaps.com	**网　址**	www.chinasmp.com
印　刷	北京京华虎彩印刷有限公司	**经　销**	新华书店
成品规格	169mm×239mm		
印　张	9.125	**字　数**	133千字
版　次	2017年11月第1版	**印　次**	2017年11月第1次印刷
印　数	0001—1500	**定　价**	27.00元

书　号 ISBN 978-7-5030-4078-8
本书如有印装质量问题，请与我社门市部联系调换。

前 言

地名信息是城市空间基础地理信息的重要组成部分，是城市规划、建设和管理的重要基础信息。地名是一个非常古老的概念，文字出现后就有了地名的记载。20世纪末地理信息系统技术出现后，随着互联网和智能交通等技术的发展，社会对地名的需求和使用越来越广。政府有专门的行政区划、地名管理部门，地名在城市规划、测绘、地理国情监测、城市管理、应急处理等方面得到广泛应用;同时成为人们日常生活不可缺少的一部分，看地图、查地名成为许多人的出行习惯。

为查清地名基本情况，掌握地名基础数据，提高地名标准化水平，加强地名信息化服务建设，为社会提供全面准确的地名信息。国务院于2014年1月23日发布了《国务院关于开展第二次全国地名普查的通知》（国发〔2014〕3号），定于2014年7月至2018年6月开展第二次全国地名普查。根据通知精神，北京市也紧锣密鼓地开展了相关工作。针对以上情况，我们编写了这本地名科普读物，力求在通俗易懂解读地名普查相关知识的基础上，又深入讲解地名普查工作中各环节的专业知识，同时宣传作为非物质文化遗产重要组成部分的北京地名文化。全书共分九章：第一章是地名基本知识，主要介绍地名及普查相关的概念，地名发挥的作用；第二章讨论地名普查的方法步骤；第三章至第七章重点讨论了地名普查各个阶段的主要工作；第八章至第九章结合北京市实际情况，介绍了北京市地名特色和部分北京地名故事。附录部分汇总了国家和北京市有关地名普查的通知和技术文件。

本书参考和引用了国内外有关地名地址的相关文献资料，在此表示感谢！

本书编写过程中得到了北京市测绘设计研究院的技术支持，本书的出版得到中国地图出版集团的大力支持，在此一并表示诚挚的谢意。

由于编者水平有限，编写时间仓促，书中难免存在一些缺陷或不妥之处，敬请读者批评指正，提出宝贵意见，以便进一步修改、完善本书内容。

编　者

2017 年 8 月

目 录

第一章

地名基本知识

1. 什么是地名、地址和兴趣点？

地名的定义有以下几种说法：地名是人们对各个地理实体赋予的专有名称；地名是人们对具有特定方位、地域范围的地理实体赋予的专有名称；地名是人们赋予宇宙中特定地理实体的代号，是区别某一特定地理实体与其他地理实体的一种标志。根据《地名管理条例》规定，地名包括：自然地理实体名称，行政区划名称，居民地名称，各专业部门使用的具有地名意义的台、站、港场等名称。

地名有五个要素，即音、形、义、位、类。音就是地名的读音；形就是地名的字形；义是地名的含义；位是地名的地理位置；类是地名所指代的地理实体的类别。

地址是找到某人或某单位或与其通信的指定地点（如住处或营业所）。地址实际上是从空间范围较大地名到范围较小地名的组合或叠加，即有层次关系的地名组合或叠加。从地址表达的内容来看，它具有地名的四个特点，可以作为一种特殊的地名。地址的特点有复合性、层次性、详细性和顺序性。复合性是指一个地址中含有多个地名；层次性是指地址的描述是有层次的，从大地名到小地名；详细性是指表达地址每个层次的地名都要描述到；顺序性是指地址的结尾部分是具有先后顺序意义的数字、字母等表达门牌或楼牌信息的内容。

兴趣点（point of interest，POI）是随着地理信息系统（geographic information system，GIS）、网络地图和导航电子地图发展出现的新名词，专指人们能够找到有用或感兴趣信息的点位，通俗地讲就是一些用户感兴趣的单位名称，可看成是人文性质的地名。其主要用途是对感兴趣信息（目的地）的地址描述，增强其位置描述能力，提高地理定位的精度和速度。兴趣点表示的信息应包括单位名称和地址，一般兴趣点的结构可归纳为"地名或复合地名+关键词"的形式，如"北京市西城区城市管理监督指挥中心"等。

地名与地址之间的关系如表 1-1 所示。地名是构成地址的基本单元，地址是地名的复合或延伸；命名的先后顺序是地名在先，地址在后；空间形态上地名一般为面，地址则归结为点；从空间范围的指代来看，地名较模糊，地址较具体；从时间形态来看，地名有规划地名、现状地名和历史地名之分，对于地址来说，只有现状地址有意义；地名有一定的文化内涵，一些重要的地名甚至被视为非物质文化遗产，地址则是在地名基础上派生，考虑文化内涵较少。

表 1-1　　地名与地址的关系

属性	地名	地址	兴趣点
语义构成	基本单元	地名的复合或延伸	地名的复合或延伸
存在的先后顺序	先	后	后
空间形态	面	点	点
指代空间范围的确定性	较模糊	较具体	较具体
时间形态	现状、历史、规划	现状	现状、历史、规划
文化内涵	有	无	有

兴趣点与地址非常相似，一个兴趣点的完整表达应包括地址信息。从命名的形式上来看，兴趣点的尾部一般是表示单位业务或功能的关键词，地址则是有一定顺序的楼号或门牌号；地址的前半部分一般是复合地名，兴趣点则既可以是复合地名也可以是简单地名，如"中国测绘科学研究院"等。

仍以表 1-1 列出的各属性为对比项，兴趣点与地名前四项属性的关系同地址与地名的关系。不同的是兴趣点有现状名称和历史名称之分，有的兴趣点还有规划名称；兴趣点有一定的文化内涵，有的还有相当的品牌效应，如“北京大学”等。

2. 地名由哪两部分组成？

一般地名通常由专名和通名组成。

专名具有一定的寓意，能充分反映历史、文化、民俗和地理特征，指明同类中的个体。如北京市的“西城区”在北京城的西部，故命名为“西城区”。

通名表示地理实体的类别或地名的属性。道路、街（巷）的地名通名一般采用：大道、路、支路、街、巷。居民住宅区通名取用：花园、小区、苑、城、里、都等。建（构）筑物地名的通名常用词为：广场、大厦、酒店、公寓、大桥、立交、隧道等。河流的通名常采用：江、河、水、溪等。如河名“永定河”中，“永定”是专名，“河”是通名；小区名“定慧北里”中，“定慧”是专名，“北里”是通名。

口语中，人们常常省略地名通名，并不影响交流效果，但一般不能省略专名。也有一些地名因习惯而缺省通名，如“金台夕照”“一线天”“三潭印月”等。缺省通名的大多是居民点和旅游地名称，一般不会引起误解。专名和通名有时会相互转化，如“枣庄市”“牡丹江市”这些地名中，“庄”“江”已经转化为专名。

3. 地名有哪些性质？

地名的性质即地名的本质属性。地名的性质有五种。

（1）指代性

指代性是指地名的指位和指类作用。指位是指地名所指代地理实体在自然界的空间位置，也就是区别于其他地理实体的位置和范围。

（2）公用性

地名具有广泛的、鲜明的社会共有特征，一旦产生即为社会公用，任何单位和个人都可以使用，且必须遵守它的使用规则。

（3）地域性

地名常受区域内语言、地理环境、民俗的约束，呈现较为明显的地域（区域）特征，表现出区域各种地理因素综合作用的结果。地名印记着区域性语言特征，如自然村在全国就有村、屯、坡、庄、寨、板、堡等不同称谓。

（4）传承性

传承性也称稳定性或继承性。地名不因历史沧桑变化而全部变更，大部分地名长期保持稳定。随着经济社会发展和人类活动区域扩大，新增地名是必然的、持续的，而更改地名则是部分的。

（5）文化性

地名是一种社会文化形态，文化内涵丰富、内容博大精深，具有鲜明的历史性、民族性、社会性，既是中华传统文化的组成部分，又是社会主义先进文化建设的重要内容。地名是丰富的“知识宝库”，是百科全书，是非物质文化遗产。它既能为经济社会发展提供丰富的信息，又能为语言学、地理学、历史学、民族学等学科的研究提供宝贵资料。

4. 怎样进行地名罗马字母拼写？

地名罗马化是实现地名国际标准化的重要环节，是指给采用非罗马字母语言的国家，提供一种罗马字母拼写的标准形式，以便实现地名书写形式最大限度的统一。中国地名罗马字母拼写遵循《汉语拼音方案》。汉语地名按照1984年中国地名委员会、中国文字改革委员会、国家测绘局联合发布的《中国地名汉语拼音字母拼写规则（汉语地名部分）》拼写，主要有：分写和连写，数词的书写，语音的依据，大小写、隔音、儿化音的书写和移行，以及起地名作用的建筑物、游览地、纪念地和企事业单位等名称的书写等规定。蒙、维、藏语地名，以及惯用蒙、维、藏语文书写的少数民族语地名，按《少数民族语地名汉语拼音字母音译转写法》拼写。其他少数民族语地名，原则上以汉语名称按《中国地名汉语拼音字母拼写规则（汉语地名部分）》拼写。香港特别行政区、澳门特别行政区和台湾省的地名，依据国家有关规定进行拼写。

5. 地名有哪些命名方法？

地名命名存在一定规律，常见的地名命名方法有四种。

（1）根据地理特征命名

这种命名方式包括以方位命名、物产命名、地理实体形态特征命名等。如南庄、槐树岭、五指山、丁字街等。这种地名存量最多，也最具稳定性。因为它不含政治色彩，不受时代变迁的影响。

（2）根据历史文化命名

这种命名方式包括以人物命名、姓氏命名、历史事件命名等。如中山公园、张自忠路、五卅路、二七路等。在历史的空间和时间中形成，以反映当时社会时代特征，也是一种普遍的地名命名方式。

（3）反映社会意识和人民愿望

这类地名容易因时代的兴衰而消亡或更替，如幸福大街、反修路、怀柔区等。

（4）移借或派生地名

如苏州街、台湾街、新疆村、河南屯等。

6. 地名在城市管理方面有什么作用？

地名在人口管理、不动产管理、人口流动、货物流动以及城市网格化管理中具有重要作用。

（1）地名在人口管理中的应用

我国对人口的管理是通过户籍制度和居住证（暂住证）实现的：对常住人口的管理靠户籍，对流动人口的管理靠居住证（暂住证）。人口的出生、迁移、死亡以及家庭成员的关系都在户籍（户口本）上体现出来，而人口的出生、迁移、死亡这些事件都是通过地名信息（更准确地说是地址信息）来实现的。众所周知，我国户口本的第一栏就是家庭地址，而家庭地址与地名专业中的地址意义是一致的，甚至是更为具体的地址，如地名专业中的地址只表示到楼（门）牌，而户籍中的家庭地址则具体到“小区名+楼牌+单元号+房间号”。居住证（暂住证）的内容与户口本大同小异，不同的是它比户口本信息的更新周期更短。一般户口本的信息可以稳定20年左右（从孩子出生到成家立业、自立门户），而居住证（暂住证）可能几年甚至更短时间就要更新。所以说，通过地名（地址）实施对人口的管理是我国公安部门人口管理的基本手段。

（2）地名在不动产管理中的应用

我国对不动产的管理是通过不动产登记和不动产证实现的。事实上，如果一个自然人有多于一套的房产，就有可能产生人户（户口）分离的情况。他可以在一处房产登记户口，在另一处房产工作生活，对这部分人口的管理是通过房产管理部门对房产和居住地的街道社区管理来实现的。房产证上有业主的姓名及房产的“小区名+楼牌+单元号+房间号”，但没有覆盖其他家庭成员的信息。

街道社区对居民的管理也是通过对居民信息登记实现的，社区管理是对户籍管理和房产管理中对人口及不动产管理的重要补充，但不像户籍管理和房产管理那样具有法律的权威性和强制性。社区管理实现了对小区内实际人口的管理，对应小区内的每个房间（地址），实际居住人（不管是否是房产所有者）的信息在社区管理信息中应是齐全的。

由于我国对地名管理不严，公安部门和开发商可能各自命名一套地名或同一地址多次命名，而公安部门和房产部门信息沟通不畅，出现了一套房产多个房产证的现象，给犯罪分子以可乘之机，从而导致了购房者和房产管理部门重大经济损失的恶果。

（3）地名在人口流动中的应用

严格来讲，人口流动有人口迁移（在目的地长期停留、居住）和人口出行（出门办事、旅游等在目的地短暂停留）之分。地名在人口管理中的应用是指前者。地名在人口流动中的应用与地名在人口管理中的应用大同小异，应用的对象都是地址。不同的是人口管理中的地址更为具体细致，人口流动中的地址较模糊宏观。人口管理中的单位地址是一个，而人口流动中的单位地址一般是一对（起始地址和到达地址）。两者的比较如表 1-2 所示。

表 1-2　　地名在人口流动和人口管理中的应用比较

类别	应用对象	地址详略程度	单位地址
人口管理	地址	具体、细致	1 个
人口流动	地址	模糊、宏观	1 对，2 个

在地理信息系统中人口流动的算法是通过最佳路径实现的。最佳路径可以是最短距离、最短时间或最小开销，视用户需要而定。不同的最佳路径方式通过不同的算法实现。图 1-1 是某人从北京西站到国家奥林匹克体育中心乘公共交通出行的乘车路线及其说明。

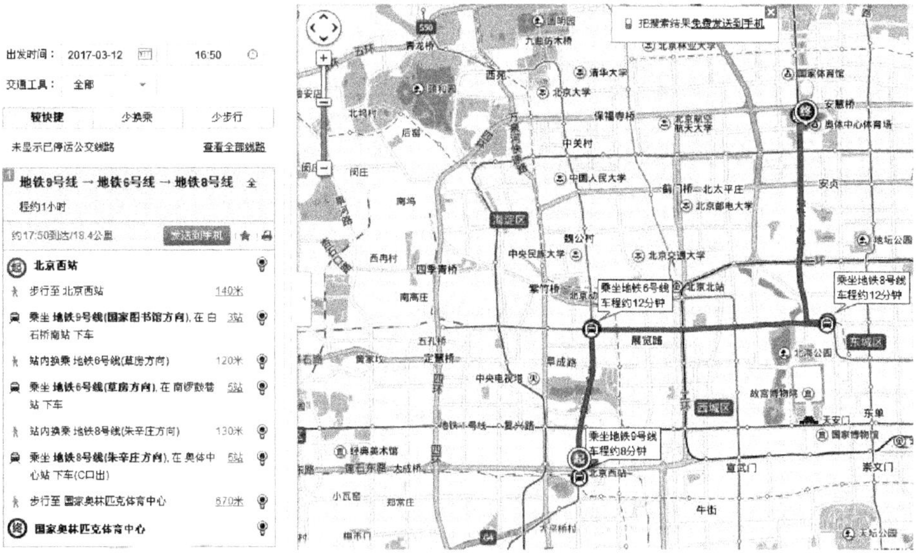

图 1-1　乘公共交通出行的乘车路线及其说明

（4）地名在货物流动中的应用

地名在货物流动中的应用比地名在人口流动中的应用稍显复杂。首先，在货物流动中应用的地址对象较为具体详细，是点对点的流动；其次，地名在货物流动中的应用单位地址远不止两个，可以有多个。在这项应用中最佳路径显得更为重要，几个地址点都要到达，且还要做到距离最短或时间最少或开销最小。

在地理信息系统中这个问题称为邮递员问题。地名在货物流动和人口流动中的应用对比如表 1-3 所示。常规的信件邮寄或汇款单据与其大同小异，都离不开地名地址，而且一旦地名地址发生错误，该项业务将无法完成，轻则退回寄件人，影响投递，重则造成寄件人所寄财产丢失。

表 1-3　　　　地名在人口流动和货物流动中的应用比较

类别	应用对象	地址详略程度	单位地址	关注度
货物流动	地址	具体、细致	1 对，多个	时间最短
人口流动	地址	模糊、宏观	1 对，2 个	开销最小

（5）地名在城市网格化管理中的应用

城市网格化管理是目前最新的城市管理模式，其特点之一是实施了“城市部件管理法”，即把物化的城市管理对象作为城市部件进行管理，运用地理编码技术，将城市部件按照地理坐标定位到万米单元网格地图上，通过网格化城市管理信息平台对其进行分类管理。网格划分是在行政区划如市、区、乡镇（街道办事处）、社区（村委会）的界线基础上，根据地理划分、现状管理、方便管理、管理对象的完整性等原则，划分出边界清晰、无缝拼接的、多边形规则的、面积约 1 万平方米的区域。行政区划名称属于政府公布的标准地名，而万米格网是一种编码地名。万米单元网格的划分实现了管理空间的全覆盖和精细化，符合城市中心城区的管理需要，实现了城市管理监督员和城市管理问题的准确定位。城市部件，是指城市市政管理的各项设施，包括道路、桥梁、水、电、气、热等市政公用设施，以及公园、绿地、休闲娱乐等公共设施、绿化设施、交通设施等，也包括如门牌、广告牌匾等部分非公共设施，统称为物化的城市管理对象。城市部件基本地点的调查是为了采用地名或地址描述城市部件的具体位置，也属于标准的地名（地址）。如与城市部件具有相对位置关系的门牌号码及兴趣点、标志性地物的名称等，通过这些地址信息为城市部件定位。城市部件调查包括部件测量和属性调查，而部件测量就是建立待调查部件与已有地址信息的空间关系。城市部件调查工作包括网格划分、基本地点调查和城市部件调查。

万米网格管理法以万米网格为基本管理单元，对每个单元格网内的城市管理部件、事件、单位等对象实施责任制管理和监控。城市管理人员对城市部件信息的需求是其位置、种类以及存在的完好状态，一旦出现问题，马上应急处理。北京市朝阳区万米格网管理城市部件、事件的流程为：首先当城市管理监督员发现问题时，使用专门的城管通手机拍摄问题现状，在电子地图上进行准确定位，将发现问题的准确地点标注在手机电子地图上；然后在城管通问题上报界面上填写发生问题的类型、类别、破坏程度、影响范围、地点描述等，进行确认并上报；接下来监督中心接线员在监控大厅接收监督员上报的信息，对发现的问题根据立案标准进行审核、立案后，将案件批转到指挥中心；指挥中心收到立案后根据案件责任权属情况，进行案件派遣到街道、乡镇；相关街道、乡镇对案件进行处理；最后系统派遣监督员核查案件的完成情况，核查属实，案件结案，否则重新把案件派遣给街道、乡镇处理。在整个案件的发现、上报、处理过程中，每个步骤都用到了地名地址信息。

另外地名地址信息还在教育、商业、文化、体育、卫生、金融等各个行业得到应用，限于篇幅不再一一列举。

7. 什么是地名普查？

地名是基础地理信息，地名普查是一项政府工作，指由政府实施的、对全国或某个行政区内的地名进行全面调查统计的行为，是一项公益性、基础性的国情调查。

我国第一次全国地名普查是1979年至1986年进行的，取得了丰硕的成果，开创了中国地名工作的新局面，是中国地名工作史上的一次创举。第一次全国地名普查结束以来，随着改革开放的深入、经济的腾飞，我国经济社会结构发生了深刻变化，工业化、城镇化、信息化、市场化、国际化快速发展，原有地名不断消失，新生地名大量涌现，地名情况发生了巨大的变化。由于相关工作机制不健全，造成现有地名信息陈旧，难以反映实际情况，亟待再次开展地名普查工作。

8. 地名普查有何意义？

地名普查的意义有六点。

（1）全面掌握我国地名信息，全面推进中国的地名标准化

地名普查是对全国地名进行全面调查统计的行为，全面汇集了全国的地名信息。由此我们可以了解我国地名的家底，知道有多少地名实现了标准化，还有多少未实现标准化。将未标准化地名做标准化处理，从而全面推进我国地名标准化工作。

（2）提升地名管理工作和地名综合服务水平

地名管理部门在充分做好普查工作的基础上，可以利用普查获取的地名资料，及时准确地向社会提供各类地名信息的查询服务，开展多功能的咨询服务，努力挖掘自身潜力，开拓做好地名服务工作的思路。丰富电子地图、地名网站的内容，整合地名问路电话、地名触摸屏的资源，形成一体化的地名服务体系。

（3）有利于提升政府的综合治理能力、管理水平和公共服务能力

地名是政府、社会、百姓最易于接受的空间定位方法，政府的综合治理、管理、服务都要落实到具体的空间位置与范围，而地名就是表示空间位置与范围最易于接受的方式。地名资料越详细、越准确，政府的综合治理、管理和服务就越到位。

（4）有利于改善群众生产生活、促进经济建设和社会发展

开展地名普查可以获得更多更好的地名信息，从而可以研制开发出更多更好与百姓密切相关的衣食住行服务平台。难以想象如果没有地名

地址信息，导航软件将如何使用。有足够的地名地址信息，就可以方便地利用这些信息去风景名胜旅游、美食街消费等，从而促进当地经济和社会发展。

（5）弘扬中国优秀传统地名文化

我国历史悠久、幅员辽阔，世代传承的地名很多。地名伴随着中华民族历史的进程而延续不断，积淀了丰富而深厚的文化内涵，是中华传统文化的活化石和宝库，是激发国人乡情的最好材料。通过地名普查，全面深入挖掘和汇集全国各地地名文化资源，将对保护地名文化遗产、传播和弘扬优秀中华传统文化产生深远影响。

（6）在国际交流、国防外交、维护国家主权等方面起着重要意义

地名是国家领土的一个重要标志，也是民族尊严的象征。通过地名普查，详细准确地掌握地名的来源和位置，对维护国家主权、海洋权益和民族尊严具有重要的宣示意义，在巩固国防建设、维护边境地区和平稳定方面也起到重要作用。对于提高军事行动的信息服务和指向定位能力、保障部队实行多样化军事任务具有重要应用价值，是做好新时期国防外交工作的重要保障。

9. 如何进行地名管理？

地名管理是国家行政管理工作的组成部分，是地名管理机构以地名为对象，依据有关法规，按照科学方法，为推进和实现地名标准化而开展的各项活动。其主要目的是推行和实现地名标准化，为经济发展和人民群众生活服务。地名管理工作的内容主要包括以下五项内容。

（1）地名管理法规和标准体系建立

1986 年国务院颁布《地名管理条例》，1996 年民政部颁发《地名管理条例实施细则》。全国各省、自治区、直辖市及其下属行政区也制定了地方性地名管理法规和规范性文件。1997 年民政部成立全国地名标准化技术委员会，负责地名标准制定、修订等工作，制定了《地名　标志》（GB 17733）、《外语地名汉字译写导则》（GB/T 17693）、《地名分类与类别代码

编制规则》（GB/T 18521）等国家标准。

（2）地名命名和更名管理

对含义不健康、名不副实、同名重音、用字不规范的地名进行更改。例如，1998 年云南省路南彝族自治县因与唐山市路南区重名，根据当地地理特点更名为石林县。

（3）地名标志设置与管护

20 世纪末以来，国家相关部门分步开展了国道地名设标、城市地名设标、乡镇地名设标工作。现正在农村地区进行地名设标工作。下一步将加大新建街道、建筑物地名标志设置力度，加强农村地区地名设置，形成城乡一体、衔接有序的地名标志导向体系。

（4）地名信息化建设

1997 年民政部启动地名数据库建设，2003 年民政部办公厅发布《关于建立国家地名数据库有关问题的通知》，2005 年民政部把数字地名作为“地名公共服务工程”四个专项事务之一，现大多数县级以上行政区都建立了本级地名数据库。下一步重点开发建设地名管理政务平台和地名信息服务平台，建立地名更新维护制度，创新地名服务方式，提高管理和服务效率。

（5）地名文化建设

地名是重要的民族文化遗产。联合国成立了地名文化遗产工作组。我国开展了地名文化遗产保护研究和千年古县评选、宣传、保护工作。2012 年，民政部印发了《关于加强地名文化建设的意见》和《全国地名文化遗产保护工作实施方案》，制定了地名文化遗产鉴定标准，召开了全国地名文化建设工作会议，成立了地名文化遗产保护促进会。

第二章 地名普查的内容、方法与步骤

10. 第二次全国地名普查的范围是什么?

根据《国务院关于开展第二次全国地名普查的通知》(国发〔2014〕3号),本次地名普查范围包括全国所有陆地国土(不含香港特别行政区、澳门特别行政区、台湾省),其中沿海沿疆地名在第二次全国地名普查试点时完成。涉及全国31个省(自治区、直辖市)和新疆生产建设兵团。

11. 第二次全国地名普查的主要任务是什么?

第二次全国地名普查的主要任务是:查清地名及相关属性信息,对有地无名的有地名作用的地理实体进行命名,对不规范地名进行标准化处理,设置标准规范的地名标志,建立、完善各级国家地名和区划数据库,加强地名信息化服务建设,建立地名普查档案。地名普查包括5项具体任务。

(1)调查地名基本情况

调查地名包括:海域,陆地水系,陆地地形,行政区域,非行政区域,群众自治组织,居民点,交通运输设施,水利、电力、通信设施,纪念地、旅游景点,建筑物,单位等12大类地名的名称、位置及相关属性信息。海域类地名在试点工作中已普查,本次普查不再涉及。

（2）规范地理实体名称

根据国家地名管理的有关法规，对有地无名的有地名作用的地理实体进行命名；对不规范地名进行标准化处理，切实解决地名上存在的一地多名、地名重名，地名命名罔顾传统、刻意崇洋、虚张声势、名不副实，地名译写不准确、用字不规范、含义不健康等问题。

（3）设置地名标志

行政区域界位、城镇街巷、居民区、楼、院、自然村（屯）、主要道路和桥梁、纪念地、文物古迹、风景名胜、台、站、港、场和重要自然地理实体等应依据国家有关标准设置地名标志。一定区域内的同类地名标志应当统一。

（4）建立、完善各级国家地名和区划数据库

国家地名和区划数据库管理系统包含区划、地名和界线信息的综合业务管理系统，也是开展地名普查的基本应用平台。地名普查需建立本级国家地名和区划数据库，并保持管理系统软件及时升级更新。

充分利用普查获得的全面、准确、权威的地名信息和数据，开发研制生产多层次、多种类、可满足不同需求的地名公共服务产品，不断提高地名公共服务能力。

（5）建立地名普查档案，实现地名普查档案的数字化管理

根据民政部和国家档案局联合下发的《第二次全国地名普查档案管理办法》，地名普查档案包括业务类、成果类和其他类三类地名普查档案。其中业务类档案包括：地名登记表，同一地名的地名标志登记表，同一地名的地名用字读音审定申报表，地名标准化处理表，搜集的地名相关史料、考证材料、实地调查的记录及其他相关材料。成果类档案包括：地名目录、地名成果表、地名标准化处理统计表、地名普查成果图、地名标志登记表、地名用字读音审定申报表、本级国家区划地名数据库数据。其他类档案包括：地名调查目录、地名普查工作图和其他材料。

12. 北京市第二次全国地名普查的内容包括哪些？

根据《地名分类与类别代码编制规则》（GB/T 18521—2001）的要求，结合实际情况，北京市第二次全国地名普查内容分为自然地理实体和人文地理实体两个门类，包括：陆地水系，陆地地形，行政区域，群众自治组织，非行政区域，居民点，交通运输设施，水利、电力、通信设施，纪念地、旅游景点，建筑物，单位 11 大类地名。

对于北京市第一次全国地名普查后产生的历史地名也纳入本次普查范围。处于规划阶段尚未实施的人文地理实体名称不进行普查。

13. 第二次全国地名普查和第一次全国地名普查有何差异？

1979 年至 1986 年，我国组织开展了第一次全国地名普查。近 30 年来，随着经济社会的快速发展和城镇化进程的快速推进，我国地名情况发生了巨大变化。目前掌握的地名信息已难以反映地名实际情况。为此，国务院决定于 2014 年至 2018 年开展第二次全国地名普查工作。两者的主要差异表现在以下四点。

（1）普查的目的和时代背景不同

第一次全国地名普查发生在“文化大革命”刚刚结束之际，普查的主要目的在于摸清全国地名的基本情况，改变全国各地一个名、到处都是“红卫”村的状况，厘清本源，拨乱反正，恢复被“文革”否定的传统地名。第二次全国地名普查发生于改革开放 30 年之后，普查的目的是提高地名标准化水平，适应经济社会协调发展，维护国家主权和领土完整、巩固国防建设，提高政府公共服务能力。

（2）普查的基础不同

第一次全国地名普查主要参考资料只有 1972 年版的 1∶5 万地形图和不甚完整的公文档案，资料匮乏，普查成果主要依赖基础干部的实地考察和民间走访。第二次全国地名普查开始于经济发展、文化复兴的新时期，既有第一次全国地名普查、文物普查、经济普查、人口普查等普查的资料积累，更有改革开放后30年挖掘整理的历史古志、民间史书、文物碑刻、族谱村志及新编地方志、专业志、第一代地名志、新命名地名档案、地名文化研究成果等大量的资料文献，资料丰富、内容翔实，互为佐证。

（3）普查地名的范围和分类方法不同

第一次全国地名普查的地域范围为全国所有地域，地名类别包括：行政区划和居民点名称，独立存在的、重要的专业部门使用的台、站、港、场等名称，当地著名的纪念地、名胜古迹、古遗址、游览地和其他人工建筑名称，1∶5万地形图上标有的各类自然地理实体名称。第二次全国地名普查的地域范围为全国陆地国土及海域（试点已完成），普查类别包括：海域（试点已完成），陆地水系，陆地地形，行政区域，群众自治组织，非行政区域，居民点，交通运输设施，水利、电力、通信设施，纪念地、旅游景点，建筑物，单位12个大类，117个子类。地名分类以《地名分类与类别代码编制规则》（GB/T 18521—2001）为标准确定，覆盖了所有地名类别，范围更广、分类更细、属性更全。

（4）普查的技术手段不同

受当时的技术条件限制，第一次全国地名普查采用全手工操作：地理坐标通过图上手工量测获取，精度较低，误差较大；地名成果的形式单一，地名表、地名卡片和概况材料手写填写，工作量大，差错率高，修改困难。第二次全国地名普查使用了最新的信息化技术手段，使用了数字化的录音录像技术、卫星导航定位设备，利用了高精度矢量地图、高分辨率影像地图和地名管理数据库。可以通过摄录设备记录原始的调查资料、地物的直观影像；可以通过矢量地图自动确定准确地理位置，修改图上地物，实现地物与地名的高度统一；也可以便捷地实现修改、查询、排序、统计和打印功能，实现地名信息采集处理的全数字化，不仅有利于提高地名普查的成果质量和效率，更有利于普查成果的共享与应用。

14. 第二次全国地名普查包括哪几个阶段？

第二次全国地名普查从2014年7月1日开始，到2018年6月30日结束，分三个阶段实施。普查标准时点为2014年12月31日。

第一阶段，2014年7月至12月，完成组织动员、成立机构、搜集资料、制订方案、人员培训等各项准备工作。

第二阶段，2015年1月至2017年6月，完成普查和检查验收工作。

第三阶段，2017年7月至2018年6月，完成成果完善、上报、汇总工作，建立档案，开展普查成果转化利用。

15. 第二次全国地名普查的地名包括哪些类别？

根据地名学、地理学的学科分类原则，以《地名分类与类别代码编制规则》（GB/T 18521—2001）为基础，结合普查工作实际，将地名划分为12大类（表2-1），具体包括：海域（试点已完成），陆地水系，陆地地形，行政区域，非行政区域，群众自治组织，居民点，交通运输设施，水利、电力、通信设施，纪念地、旅游景点，建筑物，单位。

表2-1　　第二次全国地名普查的地名类别

大类	中类	类别名称	说明
1		自然地理实体	
11		海域	
12		陆地水系	
	121	河流	包括江、河、川、溪、沟、水等
	122	湖泊	
	123	陆地岛屿	
	124	冰川	
	125	瀑布	
	126	泉	

续表

大类	中类	类别名称	说明
13		陆地地形	
	131	平原	包括低地、洼地
	132	盆地	
	133	高原	
	134	丘陵山地	
	135	重要陆地景观	
	139	其他	
2		人文地理实体	
21		行政区域及其他区域	
	212	一级行政区域	省级行政区
	213	二级行政区域	地级行政区
	214	三级行政区域	县级行政区
	215	四级行政区域	乡级行政区（街道、乡、镇）
	216	区域性群众自治组织辖区	
	217	非行政区域	
22		居民点	
	221	城镇居民点	主要包括居民住宅区（含大型居民区中的“组团”名称）、居民小区
	222	农村居民点	指农村中的自然聚落，包括：自然村、庄、屯、堡，自然镇（非国家划定的镇或集镇）；片村（若干小自然村的总称）；农点（农村中农、林、牧、副、渔各业季节性的有简易房屋建筑的生产点）
	223	工矿点	指工矿区中的居民点
	224	农、林、牧场等	指农、林、牧场中的居民点
23		具有地名意义的交通运输设施	
	231	水上运输	
	232	公路运输	
	233	铁路运输	
	234	航空与管道运输	

续表

大类	中类	类别名称	说明
	235	城镇交通运输	
	236	交通运输附属设施	
	239	其他	
24		具有地名意义的水利、电力、通信设施	
	241	井	
	242	蓄水区	
	243	排灌设施	
	244	堤堰	
	245	运河	
	246	电力设施	
	247	通信设施	
25		具有地名意义的纪念地、旅游胜地	
	251	纪念地	各类纪念馆、烈士陵园、烈士墓、革命纪念碑、名人故居，以及古人遗留下来的城堡、村落或寺庙等建筑基地
	252	公园	指政府或公共团体修建并经营的自然观赏区和供公众游览休息的公共区域
	253	风景名胜区（点）	由自然或人文历史景观组成，供人参观游览的区域。独立的风景点、风景区内的风景点，如亭、台、楼、阁、塔等也归入此类
	254	自然保护区	对有代表性的自然生态系统、珍稀濒危野生动植物种的天然集中分布区、有特殊意义的自然遗迹等保护对象所在的陆地、水体或海域，依法划出一定面积予以特殊保护和管理的区域
26		其他具有地名意义的建筑物	包括所有不能归入上述类别的具有地名意义的建筑物
	261	房屋	住人或存放东西的建筑物
	262	亭、台、碑、塔	独立存在的或没有明确人物、事件、典故、沿革等背景的归入此类，有明确任务、事件、典故、沿革的分别归入人物纪念地和时间纪念地，单独成为景点或存在于景区中的归入风景区

续表

大类	中类	类别名称	说明
	263	场	
	264	城堡、墙	
	269	其他	市场、集、市等交易场所
27		具有地名意义的单位	
	271	党政机关	主要包括各级党的机关、行政机关、人大机关、政协机关、审判机关、人民团体，其中人民团体主要包括各级工会、共青团、妇联、科协、侨联、台联、青联、工商联等
	272	民间组织	由各级民政部门作为登记管理机关并纳入等级管理范围的社会团体和民办非企业单位以及基金会
	273	事业单位	文化、教育、医疗、科研等单位，以及文化楼、堂、馆、所
	274	企业	国有企业、外资企业、中外合资企业、民营企业等
	275	军事单位	

16. 地名普查地理实体的基本几何形态特征有哪些类别？

在地名普查工作中，地理实体按其基本几何形态特征，可分为“点状”“线状”“面状”三大类。

（1）点状地理实体

包括村委会，居委会（社区居委会），城镇居民点，农村居民点，工矿点，农、林、牧场点，锚地，船闸，渡口，车站，收费站，停车场，加油站，灯塔，井，涵洞，发电站，基站，房屋，广场，体育场，城堡，墙，单位，瀑布，泉，山峰，山口等。

（2）线状地理实体

包括公路，铁路，管道，道路（街巷），有轨交通线路，大型桥梁，大型隧道，灌溉渠，排水沟，渡槽，河（湖）堤，大型闸坝拦河坝，运河，河流等。

（3）面状地理实体

包括各级各类行政区域，矿区，农、林、牧、渔区，工业区、开发区，边贸区、口岸，地片、区片，大型河港、大型航空港，水库，蓄洪（泄洪）区，灌区，大型公园、风景区、自然保护区，湖泊，面积较大的岛、洲，平原，盆地，高原，丘陵，山脉，湿地（沼泽），苔原，草原，森林，沙漠，戈壁，绿洲，台地等。

17. 地名普查的基本工作流程包括哪些步骤？

地名普查的基本工作流程主要包括以下步骤：

①资料收集。搜集整理地名及相关资料，包括：历年地名命名更名文件和资料、地名志、地名录、地名词典、地图、地方志、文史资料及有关古籍等，党政机关和各专业部门相关普查资料与数据，基础地理数据与遥感影像数据等。特别是应充分利用第一次全国地名普查及地名补查与资料更新的成果。

②填写地名调查目录。以工作图图载地名信息为基础，结合收集到的相关地图、资料，编写地名调查目录，标注所收集信息资料的来源和出处，并造册登记。

③预填地名登记表。根据地名调查目录，整理、查阅和考证相关资料，预填地名登记表。地名登记表可在国家地名和区划数据库中按地名分类打印或按普查内容印制。

④实地调查。根据地区情况，采取政府部门协作分类调取资料、发放调查表、分片调查收集、召集当地群众座谈、走访知情人、现场踏勘等方式进行调查。

⑤采集地名信息。根据地名调查目录、地名登记表、工作图到实地对照、核实、采集地名信息。

⑥标注工作图。地理实体、地名标志的地理坐标在普查工作图上能准确判定位置的，可采用图解法确定坐标；在普查工作用图上不能准确判定位置的，应到实地测量。

⑦整理地名登记表。根据外业调查核实采集的信息，汇总整理地名登记表。

⑧内业信息处理。对外业和内业收集到的地名信息进行梳理、考证、核定，修改完善地名登记表。

⑨地名信息入库。在计算机上对实地采集的文字、照片、录像、录音等进行检查、整理、编纂，并导入国家地名和区划数据库。

⑩检查验收。按照统一检查验收要求，对地名普查成果进行检查验收。

⑪整改完善。对检查验收中的问题进行整改完善，并按程序进行复核，直至符合国家验收要求。

⑫成果转化利用。利用普查成果，开展各项转化利用工作，为政府、公众、企业提供地名服务。

⑬成果归档。按照程序要求，将普查成果立卷归档。

18. 第二次全国地名普查的组织方式是什么？

第二次全国地名普查按照“统一领导、分工协作、分级负责、共同参与”的原则组织实施。国务院第二次全国地名普查领导小组负责全国普查的组织领导，制定普查的方针政策，协调解决普查中的重大问题。领导小组设在民政部，承担领导小组日常工作，负责全国地名普查工作的业务指导宣传和督促检查验收。

北京市第二次全国地名普查领导小组负责北京市第二次全国地名普查工作的组织领导，审议重要地名命名、更名事项，协调解决普查中的重大问题。市地名普查领导小组办公室设在市规划国土委，承担领导小组日常工作，负责地名普查工作的组织实施，落实领导小组议定事项，协调解决普查实施过程中的具体问题。各区政府成立地名普查领导小组，负责组织本行政区域地名普查工作。

19. 北京市如何对第二次全国地名普查进行监理？

本次地名普查，北京市从多方面开展监理工作，确保普查工作高效开展。

（1）制定监理质检标准

遵照国家地名普查监理质检相关规范，结合北京市实际情况，编制完成了北京市地名普查监理质检的规范性文件——《北京市第二次全国地名普查监理规程》《北京市第二次全国地名普查检查验收与质量评定规程》，明确了监理及质检的具体要求，有效地规范了监理质检工作。

（2）首件核查，规范初始作业质量

通过对各区地名普查首件成果进行全面核查，对存在的问题统一汇总，统一培训和分别与各作业单位进行一对一的当面沟通，提出具体整改意见，下发整改通知书；并对整改后的首件成果再次进行核查，直至作业单位首件成果符合规范要求为止。通过首件核查工作，将全市各区的普查质量统一到北京市的总体要求上来。

（3）常态化监理质检贯穿普查始终

每月定期开展监理及质检工作。监理过程中严格执行有关标准和规定，遵循独立、科学、客观、公平、公正、公开的原则，按照“五控制、两管理、一协调”（质量控制、进度控制、投资控制、安全控制、知识产权控制、合同管理、文档管理、组织协调）的方式，采取现场会议、巡视检查、询问、核查分析、旁站监理、过程成果质量抽查等方式，对普查作业单位的组织实施情况、过程质量控制执行情况和阶段性成果质量情况等进行检查，重点对普查作业方法和流程、普查进度情况、作业质量情况等进行监理。

20. 如何保证第二次全国地名普查的质量？

在第二次全国地名普查中，制定了《第二次全国地名普查质量评价体系》，各级普查组织按照要求将普查工作分为 8 类评价目标，分别为组织管理、地名调查、地名标准化、地名标志、数据库建设、成果表、检查验收、普查档案。根据 8 类工作不同的权重和详细内容，计算每项评价目标的最终得分，对相应地名普查机构完成目标工作质量进行评价。具体评价标准为：

①组织管理主要从机构成立、组织协调、会议培训、规范文件的编制、工作计划、普查宣传、资金使用、安全保密等多方面进行评价。

②地名调查从收集资料情况、地名目录及登记表填写、调查方式、地名采集、地名文化挖掘考证、位置调查、历史地名及工作图标绘等内容进行考核。

③地名标准化从地名命名、跨界名称审定、罗马字母拼写、少数民族语地名译写、标准化处理统计等方面进行评价。

④地名标志从地名标志覆盖率、地名标志登记表填写等方面进行评价。

⑤数据库建设主要从数据库建库统一性及规范性、基础地理数据入库、行政区域界线标绘、地名信息入库、多媒体信息处理、普查成果编绘情况进行评价。

⑥成果表主要从地名代码、类别名称、标准地名、地理位置、地名来历含义、地理实体概况等多项内容进行评价。

⑦检查验收按验收程序、验收内容、跨界自然地理实体成果、上报范围及内容进行评价。

⑧普查档案按照工作制度、档案归档和保管情况、档案检查验收及移交等内容进行评价。

第三章 地名普查的准备工作

21. 地名普查的准备工作包括哪些内容？

地名普查的准备工作包括确定调查用图、划分调查单元、成立调查组、配置调查设备及收集资料。根据北京市实际情况，制定北京市地名普查准备工作。

（1）确定调查用图

调查用图选择现势性较强、要素齐全、格式兼容的数字地形图、数字正射影像图。北京市调查区域的基础用图：平原区采用 1∶2 000 比例尺地形图，共 8 930 幅；山区采用 1∶10 000 比例尺地形图，共 500 幅。

（2）划分调查单元

以区为基本单位组织开展地名调查，16 个区分别成立地名普查领导小组及办公室，负责本区地名普查工作，对本区的地名普查质量负责。

每个区根据调查工作的实际需要，将本区按乡、镇、街道划分为若干个调查单元，每个乡、镇、街道为一个调查单元。

（3）成立调查组

每个调查单元设置一个调查组，直接受区地名普查领导小组办公室领导。调查组的所有人员各司其职，密切配合，确保按时、保质、保量地完成调查任务。

调查组组长负责该调查组的工作安排，与被调查实体的所有权部门或主管部门进行沟通，检查本调查组普查工作，与邻组协调接边事宜，管理、监督本调查单元数据保密工作。

（4）配置调查设备

为了开展普查工作，需配备交通工具，用于内外业作业的笔记本电脑、手持平板等，用于获取多媒体信息的照相机、摄像机、录音笔等，用于输出的打印机、绘图仪等硬件设备及用于地名普查作业的软件平台。

（5）收集资料

资料收集调查内容有：第一次全国地名普查成果、地名补查与资料更新成果；历年地名命名、更名文件和资料；公开出版的地名志、地名录、地名词典、地名掌故、地名书刊等；历年出版的各类地图；专业志、谱牒、碑刻、文物考古资料；党政机关和各专业部门的文件、通告、简报等；有关的年鉴、统计资料、勘界协议书及附图等；区县志和乡镇志、政协史料、回忆录等；北京市 1∶2 000 及 1∶10 000 比例尺地形图等。

22. 北京市如何建立地名普查组织机构？

北京市第二次全国地名普查分市级和区级两个级别，分别成立普查领导小组和办公室，履行相应职责。

（1）市级地名普查领导小组职责

负责本市地名普查的组织实施，协调解决本市普查工作中的重大问题，审议本市重要地名更名事项，对本市第二次全国地名普查成果进行审定。

（2）市级地名普查办公室职责

落实领导小组确定的各项任务，做好日常协调工作。负责研究制定市区联动、条块结合的普查工作机制；负责组织制定本市地名普查的具体任务、进度安排、技术规范，组织指导本市地名普查的业务培训、信息收集、检查验收；负责本市地名普查成果的上报和建档工作；负责指导建立完善市、区两级地名和区划数据库，组织开展标准地名的图、录、典、志等出版物编纂工作；负责组织地名普查信息综合应用服务及宣传等工作。

（3）区级地名普查领导小组及办公室职责

各区政府相应成立第二次全国地名普查领导小组及办公室，负责本区地名普查工作的组织领导，协调解决本辖区地名普查中的相关问题，负责提供本辖区地名普查的相关资料，按要求审核本辖区地名普查成果。

23. 地名普查需准备哪些软硬件设备？

为顺利开展地名普查工作，需要配备相应的硬件设备及软件平台。其中，硬件包括：

①用于普查区域交通运输的工作用车。

②采集地理信息数据的全球定位系统（GPS）接收仪、全站仪、手持平板等。

③采集、录入和处理有关地名信息的笔记本电脑、台式计算机等。

④存储数据的服务器。

⑤获取多媒体信息的照相机、摄像机、录音笔等。

⑥输出文字、表格、照片、地图等数据的打印机、复印机、绘图仪等。

为实现全流程的电子化作业以及内外业一体化作业流程，采用第二次全国地名普查采集平台，实现地名普查数据从采集、存储、分发到成果验收、上报的全过程管理。部分硬件设备如图 3-1 所示。

(a) GPS接收仪

(b) 打印机

(c) 服务器

图 3-1 部分硬件设备

24. 地名普查需要开展哪些技术培训？

第二次全国地名普查涉及面广、难度大、任务艰巨，根据《第二次全国地名普查工作规程》和《第二次全国地名普查实施方案》的要求，需要市地名普查办统一组织，贯穿本市地名普查培训、实施、验收的全过程。通过开展地名普查业务培训，各级各类地名普查工作人员可以了解地名管理的基本法规、地名普查的政策要求和地名管理工作的基本流程，熟悉地名、地图的基本知识和相关技术标准，熟知地名普查的目标任务、时间安排和工作职责，掌握地名普查的方法步骤和有关质量标准与规范，熟练操作地名普查业务平台，适应地名普查工作要求。

北京市地名普查技术培训主要包括针对政府成员单位的资料收集培训、针对各级普查员的技术方案培训和软件操作培训，以及验收培训。

（1）资料收集培训

针对各成员单位及街道、乡、镇地名普查负责人员，介绍第二次全国地名普查基本情况，传达第二次全国地名普查资料收集要求，讲解地名普查的类别和对象、调查范围、内容要求，以及资料提供格式、方式、时间要求等。

（2）技术方案培训和软件操作培训

召集各级普查员，传达第二次全国地名普查技术方案要求，针对地名普查工作的复杂性，指导各环节实施办法，对地名和地图的基本知识、地名工作的基本常识与工作流程、地名普查的总体部署和要求、地名普查的内容与分类、档案资料搜集与整理、地名信息的实地调查、调查数据处理、地名普查表格的填写、地名标准化处理的原则、作业平台软件操作与应用等方面进行讲解。图 3-2 为某次地名普查技术培训场景。

（3）验收培训

传达第二次全国地名普查验收、归档的相关要求，讲解利用地名普查作业平台对普查成果验收（区级、市级）的操作方法、普查成果归档方法，以及普查成果应用等方面内容。

图 3-2　地名普查技术培训

25. 地名普查为什么要收集已有的地名资料?

第二次全国地名普查包含地名类别多，包括：海域，陆地水系，陆地地形，行政区域，群众自治组织，非行政区域，居民点，交通运输设施，水利、电力、通信设施，纪念地、旅游景点，建筑物，单位 12 大类地名。要求的属性信息多，包括地名的名称、读音、书写形式、语种、类别、地理位置、来历、含义、历史沿革，以及地理实体的相关信息，如地理实体的性质、特征及文化内涵等。已有的地名资料，包括第一次全国地名普查资料、公开出版物、政府机关和专业部门的资料、志书等。地名是文化的传承，收集已有的地名资料，可以充分利用相关地名信息，开展地名调查目录的编制及地名登记表的填写，提高地名普查的效率，并保证地名普查的权威性、准确性。

26. 地名普查需要收集哪些地名资料?

地名普查需要收集的资料（图 3-3）主要包括：第一次全国地名普查

成果、地名补查和资料更新的成果，包括地名表、地名卡片、地名文字概况、地名图 4 类成果；历年地名命名、更名文件和资料，包括道路、行政区划、建筑物、居民区、轨道交通站点等命名、更名文件；公开出版的地名志、地名录、地名词典、地名掌故、地名书刊等，包括《北京地名志》系列、《北京地名录》系列等；历年出版的各类地图，如《北京历史地图集》等；专业志、谱牒、碑刻、文物考古资料，如《北京水利志》《北京交通志》《北京文物志》等；党政机关和各专业部门的文件、通告、简报等；有关的年鉴、统计资料、勘界协议书及附图，如《北京统计年鉴》等；区县志和乡镇志、政协史料、回忆录，如《北京区县志》系列等；北京市 1∶2 000 及 1∶10 000 比例尺地形图等。

图 3-3　地名资料

27. 怎样梳理、甄别、整合收集的地名资料？

地名资料来源复杂，对于不同的资料，要将资料进行梳理、甄别、整合。

资料的梳理主要是要对不同的资料进行筛选，分门别类。通过类比，在同一类别的不同资料中，去掉重复的、多余的、不必要的资料，对资料进行鉴别核实，去粗取精、去伪存真，选取真实可靠的资料，确定地名普查不同类别可以使用的资料，以及每种资料用于填写地名普查的哪些内容。对选取的资料标明来源，以备后续查证之用。

资料的甄别主要是对收集的资料进行考证、核实。甄别的方式主要包括书证、理证。书证就是把同一问题的不同资料进行比较对照，以确定准确的资料。理证就是用逻辑推理的方法来论证资料的正误。

资料的整合主要是要按照地名普查地名登记表中各个地名信息的填写要求，将资料整理后进行填写。

在鉴别核实资料时，不同来源的资料之间发生矛盾时，判断取舍标准如下：

①来自几个部门，说法不一。对于这种情况，一般应以主管部门、权威部门的资料为准。如统计数字，一般应以统计部门公开使用的数字为准。

②虽来自同一部门，但新旧不一、前后矛盾。针对此种情况，一般应以新的资料为准。

③图书报刊资料与档案资料矛盾时，以档案资料为准。因为档案资料是第一手资料，是历史真实的记录。

④内部资料与外宣资料矛盾时，以内部资料为准。

⑤距离事件发生时间、地点较近的资料与距离事件发生时间、地点较远的资料发生矛盾时，选取现势性强的资料。

⑥亲历资料与旁证资料发生矛盾时，以亲历资料为准。

28. 工作图在地名普查中起什么作用？

地名普查工作图主要用于制作地名调查目录，并在外业调查时作为工作底图。地名的增、删、改等都可以在工作图上清晰地予以体现。地名普查工作图包括纸质图与电子图两种。

地名普查工作图应选择现势性较强、要素齐全、格式兼容的数字地形图、数字正射影像图。将数字地形图经过脱密处理、地图整饰，打印形成纸质工作图。同时，将矢量数据制作形成电子工作图，作为采集平台的工作底图使用。

地名普查工作图是做好地名普查工作的重要基础资料，工作图既是普查工作重要的过程资料，也是对数据库矢量图进行标绘修改及制作最终普查成果图的依据。

29. 如何制作地名普查工作图？

北京市地名普查采用电子地图作为北京市第二次全国地名普查采集平台中的工作图。工作图生产步骤包括资料整理、数据处理、符号设计及制作。其中，资料整理需要对收集来的包括第一次全国地名普查成果资料、北京市 1∶2 000 及 1∶10 000 比例尺地形图、影像图、行政区划界线、各委办局提供的专业数据等进行分门别类，将需要在工作图上表现的内容进行选取；数据处理要对不同格式的资料进行处理，转换成工作图制作软件可以接收的格式，以文本描述的地名条目，需要通过地名匹配进行空间化，形成地名矢量数据；符号设计及制作需要根据技术要求设计符号库或模板数据，将前期处理完成的数据加载到底图数据中进行符号化，制作地名注记，并适当调整点状符号、线状符号和注记的大小、位置等，使底图表达清晰，方便外业调查。

第四章

地名调查与数据处理

30. 什么是地名调查？

所谓地名调查，就是根据前期准备的地名调查目录、地名登记表草表、工作图，采用政府部门协作分类调取资料、发放调查表、分片调查收集、召集当地群众座谈、走访知情人、现场踏勘等方式，对资料中的属性、地理信息进行核实和补充，对多媒体进行采集，对工作图进行标绘。在此过程中需要将资料进行认真的整理、甄别、论证和审定，尤其对变化了的内容要进行相应更新，确保地名信息确凿无误，为地名成果入库做好准备。

31. 地名调查的内容包括哪些？

地名调查的内容包括：属性信息调查、地理信息采集、多媒体信息采集、工作图标绘、属性数据梳理和图形数据整合。

属性信息调查是指根据地名调查获得的信息，对地名调查目录、地名登记表草表、工作图上的标准名称、地名来历、地名含义、地名历史沿革、地理实体概况等属性信息进行核实，对不正确的属性信息进行调查取证、编辑修改。

地理信息采集是指通过图解或实测的方法，对原有地理信息的定位点、四至范围以及地理实体概况中的空间位置描述进行核查，原有位置错误或达不到精度要求的，按照本次普查要求进行修改，原来没有地理信息的，进行补充填写。

多媒体信息采集是指按照本次普查的要求，对地理实体进行录音、摄影、录像。

工作图标绘是指利用影像图、测量仪器及其他资料，将地名标注在工作图的相应位置，对变化、重要的地理实体进行补测和修测。

属性数据梳理是依据地名登记表、工作图、多媒体信息等资料，对地名属性信息进行梳理，将合格后的属性信息输入地名数据库，生成地名目录和地名成果表。

图形数据整合是指将地名所指代的地理实体依据地名调查工作图和地名登记表，以相应的图式符号标绘在地名数据库矢量地形图上，对新增或变化的重要地理实体进行补测或修测。

32. 地名登记表包括哪些内容？

地名登记表内容主要包括地名的属性信息及地理实体的相关信息。

（1）地名的属性信息

地名的属性信息包括：地名的标准名称及其别名、简称、曾用名；地名的书写形式，即地名的汉字书写和少数民族文字书写的形式；地名的读音，包括其原读音，以及其标准名称的汉语普通话读音，并用罗马字母（汉语拼音字母）拼写表示；地名的语种，即标准名称所属的民族语言种类；地名的类别，即地名所指代的地理实体的类别；地理位置，即地名所指代的地理实体的地理坐标和相对位置；地名的来历、含义及历史沿革，即地名形成的历史背景，标准名称及别名、简称、曾用名的命名理据（文化内涵）及演变的历史过程；地名的密级，即地名所指代的地理实体的地理坐标等信息的保密级别。

（2）地理实体的相关信息

地理实体的相关信息即地理实体概况，是指地名所指代的地理实体的性质、特征及文化内涵等。对不同类别的地名地理实体的相关信息登记要求有所不同，如河流，其地理实体的相关信息要求为长度、流域面积、主要支流、河流级别、河流类别、主要水文站、径流量、所在（跨）行政区等。

33. 如何填写地名登记表？

地名普查中的每个地名均对应一张地名登记表（图 4-1），地名登记表是地名信息的主要载体，填写地名登记表是地名调查过程中的重要环节。地名来历、含义和历史沿革以及地理实体概况是地名登记表的核心内容。

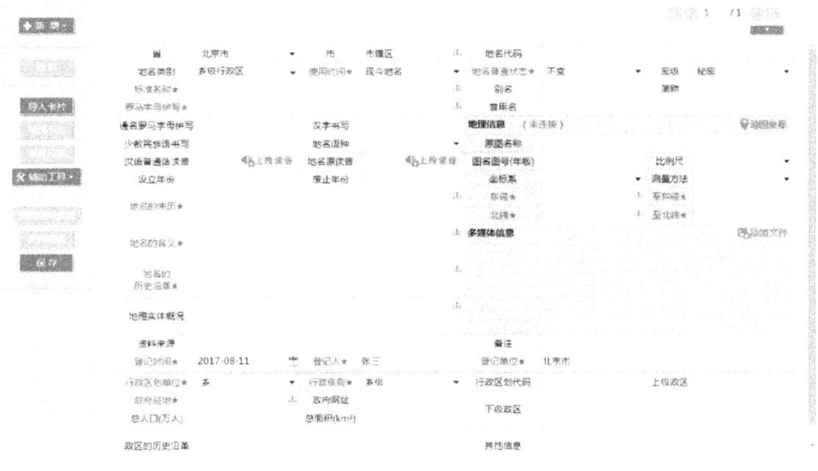

图 4-1 地名登记表

地名来历是指标准名称及其别名、曾用名、简称等名称的来历。地名含义是指标准名称及其别名、曾用名、简称等名称的含义。地名的历史沿革是指地名产生及演变的历史过程。每一条地名都有特定的产生背景、含义和演变轨迹。对每一条地名进行翔实准确的考证是普查的重要内容。因此对每一条地名都要追根溯源、详细考证，记录其历史演变的全过程。一个地名有数种来历、含义说法的，要依照诸说并存原则记述；来历和含义不明的、实在无法考证的，依照存疑待考原则据实填写。

地理实体概况是指地名所指代的地理实体的性质、特征及文化内涵等。每一类地名都要按规定要求详细普查，准确记录。其中，历史文脉、特色文化、重要历史人物、事件及传说等信息要尽量丰富翔实。

34. 怎样进行地名的实地核实？

地名的实地核查通常采用分组方式，每组 2~3 人（图 4-2），分区域对列入调查目录的地名逐个进行调查，重点调查和核实地名的属性信息内容，测定地理实体范围或定位点的地理坐标，填写地名调查登记表，一并采集未列入调查目录的新生地名的名称及其属性信息。同时，采集地名和地名标志影像资料，将地名名称和位置的变化情况标记到普查工作图上。

图 4-2　分组进行地名实地核查

①如果调查目录上的地理实体在实地确实存在，并且实地地名与调查目录上的地名一致，则用蓝色笔在地名调查目录上打对勾（√）进行标记，表示该地理实体确实存在且名称正确；在此基础上对地名登记表草表上的信息逐一核实，完善地名登记表草表；按有关要求在工作图上标绘。

②如果调查目录上的地理实体在实地确实存在，而实地地名与调查目录上的地名存在差异，则用红色笔在地名调查目录上该实体名称处画横线（——）进行标记，表示该地理实体确实存在但名称不一致，并且用红色笔在地名调查目录上该实体名称上方标注正确名称；在此基础上对地名登记表草表上的信息逐一核实，完善地名登记表草表；按有关要求在工作图上标绘。

③如果调查目录上的地理实体在实地不存在，则用红色笔在地名调查目录上该实体名称处标记删除符号（×），表示该地理实体在实地不存在；尽可能在地名登记表草表备注栏注明该实体不存在的时间和原因。

④对于在实地存在而调查目录上根本不存在的地理实体，首先根据《地名分类与类别代码编制规则》确定其是否属于本次调查内容。如果确属调查之列，则用蓝色笔在地名调查目录上增加该实体，表示该地理实体属于新增实体；在此基础上用蓝色笔填写地名登记表草表，并对其信息逐一调查，表示这是新增地理实体的实地属性信息采集；收集新增地理实体的相关资料；按有关要求进行位置测量并标绘在工作图上。

35. 如何确定地理实体及地名标志的位置？

地理实体及其地名标志的定位应遵循以下原则：

①有驻地的行政区域、非行政区域、群众自治组织、单位等地名，以驻地为定位点。驻地是点状建筑物的，其中心点为定位点；驻地是面状建筑群的，其几何中心为定位点。

②具有地名意义的交通运输设施、水利设施、电力设施、纪念地、旅游景点、建筑物、水系等地名以地物中心点为定位点。

③陆地地形类地理实体中，平原、沼泽、森林等难以确定最高点的以其几何中心为定位点，山峰等以最高点为定位点。

④居民点类地理实体，其外围线所构面的几何中心为定位点。

⑤线状地物以地物中心线定位。

36. 如何采集地名的多媒体信息？

对于地理实体多媒体信息的采集，应遵循以下标准：

①有地名标志的地理实体可拍摄清晰的近景和远景（有背景）照片各一张、录像一段。左侧为近景照片，右侧为远景照片，两张照片尺寸一致，不应变形。近景照片要正面、清楚的表现各类标志；远景要能表现出地理实体的整体情况。要求图面整洁，尽量避免从侧面角度拍摄或照片中存在遮挡物。照片要清晰、重点突出。录像要能够完整体现地理实体现状。

②没有地名标志的地理实体可从多个角度拍摄照片、录像，要求拍摄照片中应包括远景照片及能突出该地理实体特点的照片。

③对与地理实体相关的宣传橱窗、标牌、材料进行采集时，要求从正面角度拍照，照片应能够清晰、完整地记录相关内容。

④对与地理实体相关的文化活动、特色景观现象进行采集时，要求录像主题突出、内容完整、画面清晰、声音清楚。

⑤对实地采访、座谈中进行多媒体采集时，要求录音、录像能够明确、完整地记录对地名属性信息有参考意义的内容、地名的少数民族语读音和方言发音等。

37. 如何调查历史地名？

历史地名是过去曾经使用过、目前已不再使用的地名。历史地名是地方文史资料的重要组成部分，能够使人们认识当地的历史发展变化过程和取向。历史地名调查是地名普查的组成部分。为了与第一次全国地名普查衔接，历史地名的调查主要包括两项：一是第一次全国地名普查时形成的历史地名表；二是第一次全国地名普查时存在而现在没有的地名。同时各地应根据普查能力和实际需要对更久远的历史地名进行普查。

对历史地名进行调查主要是采用资料收集（特别是第一次全国地名普

查成果资料）、走访知情人或座谈的方式进行调查。考证准确的历史地名填写地名登记表，录入数据库，工作图上和地名普查成果图上不标绘。历史地名的空间信息和多媒体信息可酌情采集。

38. 如何在工作图上标绘地名调查信息？

工作图标绘地名调查信息时要遵循以下原则：

①工作图上地名名称及其位置没有变化的，用蓝色笔在地名注记文字下画横线。如⊙张庄：表示图上地名名称及位置不变（图解法定位）。

②实地有名而地图上没有标注的，用红色笔将地名标注在工作图定位点适当位置，如图上标注不开，可采用编号代替，并在图外适当位置采用相应编号注明。如⊙李家庄：表示图上新增地名（实测法定位），图上可示意性表示。如⊙1：表示图内注记不开的图上新增地名（图解法定位），图外适当位置标注：1——八里庄。

③地图上有地名而实地没有的，用红色笔框上此地名，并在框内画45°斜线。如 小孔庄 ：表示删除图上该地名注记。

④地图上的地名与实地地名不符的，用红色笔框上图中的地名，框旁标注确定的标准地名。如⊙ 宋山口 宋山口镇：表示图上注记变更（图解法定位），“宋山口”变更为“宋山口镇”。如⊙ 中医院 2——：表示图内注记不开的图上变化地名（图解法定位），图外适当位置标注：2——平阴人民医院。

⑤历史地名应填写地名登记表，录入数据库，地名普查成果，图上不标绘。

39. 如何对工作图上变化的地理实体进行修测？

工作图上变化地理实体的修测应遵循以下原则：

①对工作图上新增或变化的地理实体，只选择与地名有关的重要地理实体进行补测或修测。

②点状新增或变化地理实体，如桥梁、碑、塔、停车场等，其地名定位点为点状地物符号的定位点，直接测量定位点坐标，用相应的图示符号标绘于工作图上。

③线状新增或变化地理实体，如高速公路、快速铁路、城市新建街道等，必须对其补测或修测，用相应的符号反映到工作图上。方法是实地测量地理实体的起止点和拐点，在工作图上示意性用红色直线表示并注记地名名称，内业再根据实测坐标用相应图示符号和标准地名注记标绘到矢量图上。

④面状新增或变化地理实体，如工业区、开发区、居民点、发电站等，其地名定位点在面状地理实体的几何中心，本次调查不需要对其实际范围进行补测，只需测量其定位点坐标并标绘于工作图和矢量图上。

40. 地名标志需要登记哪些信息？

地名标志登记表（图 4-3）填写内容包括标志代码、标准名称、罗马字母拼写、民族文字、所在（跨）行政区、标志位置、设置单位、设置时间、生产厂家、材质、规格、标志照片文件名和标志照片等。其中，标志代码指地名标志在国家地名和区划数据库中的代码，由地名代码加 2 位数字组成。2 位数字表示同一个地名设置的标志的个数，从 01 至 99 顺序排列。

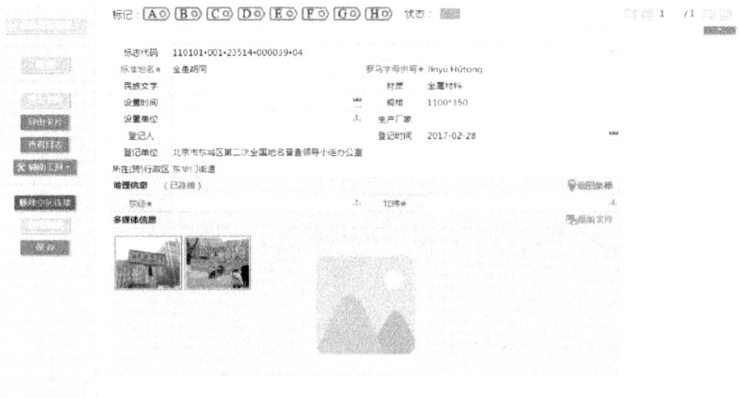

图 4-3　地名标志登记表

41. 什么是地名代码？

地名代码（图 4-4）是指按照一定规则用阿拉伯数字对地名进行编码用以代替地名的具体表现，依据《国家地名数据库代码编制规则》（民地办发〔2010〕1 号）编制。此地名代码如同公民的身份证号码一样，具有唯一性和排他性，在全国范围内不重号，即使地名重名，代码也各不相同。地名代码共 20 位，分 4 段：

①第一段由 6 位数字组成，表示县级以上行政区划代码。

②第二段由 3 位代码构成，表示县级以下行政区划代码，其中的第一位数字为类别标识，以“0”表示街道，“1”表示镇，“2”和“3”表示乡，“4”和“5”表示政企合一的单位；其中的第二位、第三位数字为该代码段中各行政区划的顺序号。

③第三段由 5 位数字组成，表示地名属性类别代码。

④第四段为 6 位数字，表示附加码，具体代码段为 000000～999999，用以区分同一类别且是同一行政区的地名并进行排序，如果前 14 位编码可以确定此地名的唯一性，则第四段代码用 000000 表示。

图 4-4 为北京市第二十五中学的地名代码。其中，“110101”为行政区划代码，代表北京市东城区；“001”代表东华门街道；“27300”表示地名属性类别，代表事业单位；“000139”为附加码，为该地名在该行政区该地名类别中的顺序码。

地名代码	110101•001•27300•000139		
地名普查状态★	增加 ▾	密级	秘密 ▾

图 4-4　地名代码

42. 怎样进行地名调查阶段的质量控制？

地名调查阶段的质量控制需要加强每个环节的质量检查，对重要质量特性进行重点检查，对有普遍性或带有倾向性的质量问题进行全面检查，杜绝质量问题遗留到下一环节。北京市地名调查阶段的质量检查主要包括以下几方面的要求。

（1）检查制度

本次地名信息调查阶段的质量控制采取三级检查制，即过程检查、成果初检、成果终检。各级检查必须独立进行，不得省略或代替。

①过程检查由作业单位承担，普查员自查和互查。

②成果初检由区地名普查办承担。

③成果终检由市地名普查办负责实施。

（2）检查程序

作业单位经自查、互查及修改确认无误后，方可按照规定整理上交资料成果。

区普查办按相关规定对调查成果进行初步检查，如发现有不符合质量要求的成果时，应退给作业单位进行处理，然后再进行检查，直到检查合格为止。

市普查办不定期对区县的调查成果进行抽查，及时发现问题，解决问题。

（3）检查要求

各级检查均需详细填写检查记录，包括质量问题的记录、问题处理的记录、质量评定的记录等，记录必须及时、认真、规范、清晰。

调查成果经检查并进行修改处理后需编写检查报告。检查报告经普查单位领导审核签字后，随调查成果一并提交下一工序。

（4）保证措施

①选拔有工作经验、具备相应技术能力的作业人员担任质量检查人员。

②参与生产的作业人员、各级检查人员都必须参加过地名普查领导小

组办公室组织的业务培训，掌握技术与质量要求，熟悉工艺流程和关键技术环节。

③按照作业员自查与互查、中队级检查、部门级检查的方式进行质量控制，并做好检查记录。

④作业仪器必须经过检定，并应在鉴定有效期内，使用的软件应符合普查的要求。

⑤加强项目负责人和质量检查人员对作业过程的指导和检查，及时解决出现的问题并消除问题隐患；及时召开质量会议，解决遇到的质量问题；不定期对作业人员进行深层次的培训，同时抓好每个环节、每条记录、每幅图的质量检查工作。

43. 跨界自然地理实体地名普查包括哪些内容？

为摸清全国跨界自然地理实体地名底数，审定发布跨界自然地理实体标准地名，补充完善国家区划地名数据库，推进成果转化，优化地名服务，促进区域经济社会发展，故进行跨界自然地理实体地名普查。

跨界自然地理实体种类主要包括：水系（含河流、湖泊、陆地岛屿、冰川、瀑布等）、陆地地形（含平原、盆地、高原、丘陵山地、重要陆地景观等）和其他（含典型自然遗存）3 大类 40 余小类。

跨界自然地理实体地名普查成果种类包括：跨界自然地理实体标准地名录、跨界自然地理实体调查表汇编、跨界自然地理实体调查分析报告。

跨界自然地理实体地名普查需要普查的内容包括地名信息和多媒体资料。

（1）地名信息

地名信息主要包括 6 类属性信息：

①名称属性，即地名标准名称及其别名、简称、曾用名、书写形式、读音、语种等。

②空间属性，即跨界自然地理实体的空间特征，包括地理坐标、位置范围、政区分布等。

③文化属性，即地名来历、含义及历史沿革，包括地名形成的历史背景，标准名称及别名、简称、曾用名的命名理据（文化内涵）及演变的历史过程等。

④自然属性，即跨界自然地理实体的自然特征，包括环境、矿产、资源等。

⑤经济属性，即跨界自然地理实体范围内经济发展情况，包括主要产业、经济发展概况等。

⑥社会属性，即跨界自然地理实体范围内社会发展情况，包括民族、人口、教育等。

（2）多媒体资料

多媒体资料包括图片、音频、视频等。

44．如何进行地名普查数据的接边处理？

地名普查数据的接边处理包括三部分：县级地名普查区域内部接边、县级地名普查区域间接边和省级地名成果接边。其中，县级地名普查区域内部接边由作业单位内部自行协调进行接边，省级地名成果接边由国务院地普办统筹安排。县级地名普查区域间接边主要包括以下几部分。

（1）任务目标

区域间接边即对相邻区的区界两侧地名进行处理，以保证区界两侧的非跨界地名不遗漏、不重复，跨界地名不冲突，最终能够形成全北京市的一套连续、完整、准确的地名成果。

（2）接边种类

所有在区界附近的点状地名以及跨越区界的线状、面状地名。

（3）地名信息

地名普查涉及的所有内容。

（4）实施流程

①导出本区东、南方向界线附近100米范围内的地名条目（包括地名调查目录及地名登记表），提交给相邻区的外业单位。

②接收本区西、北方向相邻区的地名条目。

③将获得的条目与本区条目进行比对，对双方都采集的点状条目进行去重，对双方都未采集的重要地名进行补充，对跨界的线状和面状地名的属性进行比对，对有冲突的地名信息进行核实。

④接边完成后，保留本区地名，将修改过的对方区域的地名条目反馈给对方外业单位，对修改内容进行说明，由对方进行修改入库。

⑤接收本区东、南方向外业单位接边结果，对本区相应条目进行修改。

（5）责任划分

各区负责本区东、南方向界线的接边。

第五章 地名数据库建设

45. 北京市地名数据库包括哪些内容？

北京市地名数据库包括地名数据、地名标志数据、基础地理信息数据、多媒体数据、遥感影像数据，以及界线、界桩数据等。

地名数据包括地名专题数据、地名读音数据、地名专用生僻字数据、历史地名专题数据、地址数据、地名标志数据（带照片多媒体）等。其中，地名包括海域，陆地水系，陆地地形，行政区域，群众自治组织，非行政区域，居民点，交通运输设施，水利、电力、通信设施，纪念地、旅游景点，建筑物，单位 12 大类地名。

多媒体数据包括照片、录音、录像、文本等信息。多媒体数据文件的命名规则为地名标准名称加 2 位数字组成，2 位数字表示顺序，如“灵山01”。对于同类其他重名地名，后续地名可用地名标准名称加 1 位英文字母加 2 位数字表示，如“灵山 A01”“灵山 B01”，以此类推。

基础地理信息数据包括 1∶500、1∶2 000、1∶10 000 基本比例尺地理信息数据，用作编制矢量版底图及进行地图服务发布。

遥感影像数据为总体 0.5 米、局部 0.2 米分辨率的航空影像数据，全市域覆盖。用作编制影像版底图及进行地图服务发布。

界线、界桩数据主要包括行政区划主管部门的界线、界桩的空间数据、属性数据，以及勘界成果文档。数据通过系统导入、导出功能进行交互。

46．北京市地名数据库如何建立？

北京市第二次全国地名普查区域总计 16 个区、11 大类，全市约 68 万条地名数据。北京市区划地名数据库与管理平台的建设需将本次普查的数据按照《北京市第二次全国地名普查数据建库规范和要求》以区为单位进行统一建库。建库流程包括地名和区划数据预检查、地名和区划数据预处理、地名和区划数据库入库、地名和区划入库成果抽查。

（1）地名和区划数据预检查

主要是采用自动化和人工化结合方式，入库前对地名属性数据、地名空间数据、地名多媒体数据进行逻辑性检查、准确性检查、接边检查、元数据检查。

（2）地名和区划数据预处理

主要包括数据标准化处理、主要地名条目标记、区划地名数据接边、区划地名成果图数据处理、界线和界桩数据处理。

（3）地名和区划数据库入库

主要是采用自动化和人工化结合方式，进行属性数据、空间数据、多媒体数据的入库。

（4）地名和区划入库成果抽查

数据入库完毕后，需按 30%的比例进行人工抽查，检查地名属性、空间、多媒体是否与入库前一致。

47．北京市地名数据库如何管理？

北京市地名数据库管理包括数据管理应用、数据库更新维护、系统安全管理。

（1）数据管理应用

北京市地名数据库部署于北京市电子政务内网，围绕不同业务部门对地名的业务需求，开展地名数据管理、地名数据共享交换、地名信息服务，满足地名及区划主管部门对地名数据管理和行政审批需求，满足对国家地名数据的汇交需求。

地名主管部门为市规划国土委，根据其地名管理业务需求，主要的功能包括：数据导入、数据采集与编辑、多媒体管理、质量检查、地图编绘、数据浏览和查询、统计分析、地名地址匹配、成果输出、系统管理等功能。其中在成果输出中提供对外数据服务接口，对外实现与北京市区划地名普查成果应用数据库的对接，对上实现与国家地名数据库的数据汇交。

区划主管部门为市民政局，其业务功能需求主要体现为界线、界桩的更新维护和管理。同时还包括与现有国家区划地名数据库 3.0 实现对接，并满足市民政局每年一次数据上交给民政部的要求。

（2）数据库更新维护

建立北京市区划地名普查成果数据库，为市规划国土委、市民政局提供区划地名数据管理与服务。为方便数据库更新维护，系统需具备数据入库检查、数据预处理、数据入库、数据管理维护等方面的功能：

①数据入库检查。对数据入库或更新的数据进行必要的入库前检查，内容包括入库数据的文件与结构的一致性，属性数据结构的完整性，属性与空间数据的连接正确性、逻辑一致性、拓扑一致性等方面，确保数据能够顺利入库和更新。

②数据预处理。对于入库检查存在问题的数据进行以上检查内容的处理，确保空间和属性数据及其连接关系的准确性。

③数据入库。对完成预处理的区划地名数据进行入库或对库中数据进行更新。

④数据管理维护。数据更新时，存储库中历史数据，完善更新后的数据运行机制，包括数据查询检索、删除维护、版本更新、导出数据等功能，做好数据库的更新维护管理工作。

（3）系统安全管理

为确保系统安全运行，系统后台管理工作有着重要作用，主要包括用户和权限管理、数据备份和恢复等。

①用户和权限管理。能够提供对系统和数据库访问用户和权限的管理功能，包括用户新增、修改、删除等，具备数据库访问的日志管理功能。

②数据库备份与恢复。制定区划地名数据的备份机制，提供数据库的备份与恢复功能，支持数据不定期或定期的备份更新机制，包括属性数据、空间数据、多媒体数据、栅格数据、文件数据等的备份和恢复。

48. 北京市地名数据库建设包括哪些内容?

北京市地名数据库建设主要包括数据库建设、管理系统建设和软硬件环境建设。

（1）数据库建设

主要包括区划地名数据建库、数据脱密处理、数据接边处理、成果图制作、区划界线和界桩数据处理等。

（2）管理系统建设

包括三个平台的建设，分别为“北京市区划地名数据库与管理平台”“北京市区划地名信息政务管理服务平台”和“北京市区划地名信息社会服务平台”。其中，“北京市区划地名数据库与管理平台”是管理系统的核心，负责提供区划地名数据的导入与导出、数据管理（属性、空间、多媒体）、数据质量检查、地图编绘、数据浏览与查询、地名成果输出、地名地址匹配、系统设置等功能。

（3）软硬件环境建设

主要包括服务器、存储设备、网络安全设备，以及操作系统、数据库系统、安全软件等。

49. 北京市地名数据库管理系统包括哪些功能?

北京市地名数据库管理系统具备海量、异构数据的综合管理、处理和转换能力，具备数据导入、数据采集与编辑、多媒体管理、质量检查、地图编绘、数据浏览查询、统计分析、成果输出、服务接口、系统设置等功能。

（1）数据导入

系统应支持国务院第二次全国地名普查领导小组办公室下发的工作图矢量数据、遥感影像数据的导入，支持地名普查属性数据、空间数据、多媒体数据的导入，支持符合地名普查数据交换格式的数据导入。此外，还应支持将属性、空间、多媒体和遥感影像数据通过手动、自动批量等方式导入数据库。

（2）数据采集与编辑

包括属性数据编辑、多媒体管理、文本管理功能：

①属性数据编辑可支持列表式地名调查目录的快速录入与编辑（增加、修改、删除）；支持列表式和卡片式的地名、地名标志，以及界线、界桩的属性信息快速录入与编辑（增加、修改、删除），并进行校验和逻辑错误检查，对必填信息实现提示；支持属性数据的导出、打印；系统可根据录入的地名自动生成罗马字母拼写，生成的罗马字母拼写应符合《中国地名汉语拼音字母拼写规则（汉语地名部分）》的要求，支持少数民族语书写；支持地名代码维护。

②多媒体管理可对采集的照片、录音、录像进行查询、查看和删除，并实现命名规范化处理。

③文本管理可对文本进行查询、查看和删除，实现文本文件命名规范化处理。

（3）质量检查

支持自动和半自动数据检查，可单个或批量执行质量检查。检查内容包括数据完整性检查、规范性检查、空间数据检查、逻辑性检查。数据完整性检查包括地名类别覆盖率是否符合要求，空间数据和属性数据是否完整、无遗漏，地名属性和地名空间数据的连接数量是否符合要求。规范性检查包括数据有效性、图层名称规范性、属性数据结构一致性、属性代码一致性、地名信息规范性、数值范围符合性、编号唯一性、字段必填性等。空间数据检查包括空间位置在相对位置准确的情况下，精度应小于20米；同名线状地理实体是否联通；线状地理实体相交位置的准确性。逻辑性检查包括空间数据是否超出行政区范围，地名或地名标志是否重复采集，地名与其标志的位置一致性。

（4）地图编绘

包括制图管理和成果图输出及打印功能。制图管理功能包括：图层顺序调整，图层可见性设置，图层显示视野控制，图层符号化显示，注记的增加、删除、移动、修改、恢复、显示调整及显示视野控制，注记样式设置等。成果图输出及打印按照第二次全国地名普查成果图整饰的要求制作成果图并输出打印。

（5）数据浏览查询

包括地图浏览、属性浏览、数据查询功能：

①地图浏览支持视图管理，包括不同行政级别的浏览，分层显示，按图幅范围显示，放大、缩小、平移、拉框、漫游、全图显示、上一视图、下一视图及影像数据的浏览；支持距离量算、面积量算、累计长度量算、经纬度测量；支持图层管理，包括添加或移除图层、调整图层显示顺序、控制图层是否显示。

②属性浏览支持列表式、卡片式属性信息显示，两种方式可灵活切换。

③数据查询包括属性的关键字分词查询、分类查询、条件查询、自定义查询，以及空间的空间点查询、拉框查询、多边形查询、区域查询。

（6）统计分析

支持行政区划统计、地名分类统计、界线和界桩统计、重名统计等。统计汇总结果可生成统计图、表，并可输出。

行政区划统计指按照行政区进行地名数量统计；地名分类统计指按地名的大类、中类、小类进行地名数量统计；界线、界桩统计指对界线或者界桩分别进行数量统计；重名统计指对重名的地名数量统计。

（7）成果输出

支持单项成果输出及成果包输出。单项成果可分别输出属性数据、空间数据、多媒体数据、基础地理信息数据、遥感影像数据及成果表，包括第二次全国地名普查地名标志登记表、第二次全国地名普查地名成果表、第二次全国地名普查地名目录、第二次全国地名普查地名用字读音审定申报表、第二次全国地名普查地名标准化处理统计表。

成果包输出可按照上交数据要求直接输出成果包。

（8）服务接口

实现与“北京市区划地名信息政务管理服务平台”“北京市区划地名信息社会服务平台”数据库等系统的对接，以便进行数据共享。

（9）系统设置

包括符号管理、字典管理、用户及权限管理、日志管理、数据备份。

50. 北京市地名数据库如何更新？

北京市地名数据库在建设完成后，应当明确管理和运维部门，建立更新维护机制；将地名与区划方面的发文信息及时更新入库，定期更新数据库中的地理底图；与北京市地名管理联席会议结合，将联席会议中的决议及时更新入库，并与已有的地名管理系统做好对接，进行信息共享。

为实现数据库更新维护，系统还需具备数据入库检查、数据预处理、数据入库、数据管理维护等方面的功能。

（1）数据入库检查

对数据入库或更新的数据进行必要的入库前检查，内容包括入库数据的文件与结构的一致性，属性数据结构的完整性，属性与空间数据的连接正确性、逻辑一致性、拓扑一致性等方面，确保数据能够顺利入库和更新。

（2）数据预处理

对入库检查存在问题的数据进行以上检查内容的处理，确保属性和空间数据及其连接关系的准确性。

（3）数据入库

对完成预处理的区划地名数据进行入库或对库中数据进行更新。

（4）数据管理维护

数据更新时，存储库中历史数据，完善更新后的数据运行机制，包括数据查询检索、删除维护、版本更新、导出数据等功能，做好数据库的更新维护管理工作。

51. 北京市地名数据库能发挥什么作用?

（1）地名和区划普查成果建库

本次普查数据覆盖北京全市 16 个区，普查类别有 11 大类，总计约 68 万条地名。普查的成果数据包括属性数据、空间数据、多媒体数据。因此需要开发专门的数据库管理系统进行数据的管理、更新、维护工作，统一入口和出口，集中管理全市 16 个区的普查成果数据，保持和维护全市区划地名信息的现势性，并对地名和区划数据进行实时更新管理维护工作，保证地名区划管理工作科学有序。

（2）地名和区划数据管理

“北京市区划数据库与管理平台”需实现对北京市第二次全国地名普查地名和区划成果数据的管理工作，主要包括对地名区划数据的检查入库、质量检查、编辑处理、浏览查询、统计分析、数据输出等功能，为普查成果的管理维护提供工作平台，保证地名普查成果的科学性、可靠性、实时性和准确性。

（3）地名和区划数据汇交

“北京市区划数据库与管理平台”需实现地名和区划数据中的属性、空间、多媒体数据的导出功能，为以标准格式向民政部汇交数据提供支撑。

（4）地名和区划数据更新融合

地名和区划数据更新机制需求为一年更新两次，为保证数据的实时性和准确性，需定期进行区划地名数据的核实与更新。利用市规划国土委基础地理数据，实现地理底图、遥感影像图的数据更新；通过与“规管 2011 系统”地名数据的融合，实现地名数据更新；通过与国家地名数据库 3.0 数据的融合，实现区划数据更新。

（5）为成果转化提供支撑

北京市地名和区划数据库能有效管理地名普查成果，为北京市“图”“录”“典”“志”提供基本数据，也为地名普查成果的信息化建设提供地名数据库基础，基于地名和区划数据库开发面向各个层面的多种系统应用平台。

第六章

地名标准化

52. 什么是地名标准化？

地名标准化是指地名称谓、书写、译写的统一和规范。地名的标准化分为国家标准化和国际标准化。由于各国语言、文字等情况不同，各国都有地名标准化的具体规定。一般地说，用本国官方或通用文字统一地名的书写形式，称为地名国家标准化。在国家标准化的基础上，采用国际协议规定国际通用的地名书写形式，称为地名国际标准化。1979年中国地名委员会在第一次全国地名工作会议上指出："一个地名的读音和书写要符合正音正字的规定，含义健康，不重名，命名、更名履行法定的批准程序，这就是地名标准化。"

（1）地名标准化总体要求

①地名的文字书写（包括汉字书写、汉语拼音书写、少数民族文字书写）要符合正字、正音的规定。

②地名含义健康。

③命名、更名履行法定批准手续。

④译名非汉语地名的（汉字译写）符合国家规范要求。

（2）地名标准化处理主要内容

①正字：各类地名均按国家确定的规范汉字书写，不用自造字和异

体字。

②正音：确定地名字音的规范读法。用汉语拼音字母拼写我国地名，以国家公布的《汉语拼音方案》作为统一规范。其中，汉语地名和用汉字书写的少数民族语地名按照 1984 年中国地名委员会、中国文字改革委员会、国家测绘局联合发布的《中国地名汉语拼音字母拼写规则（汉语地名部分）》拼写。

③更改不规范地名：对重名、含义不健康等不规范的地名，有损国家主权和民族尊严的，带有民族歧视性质、妨碍民族团结的，带有侮辱劳动人民或极端庸俗的，以及其他违背国家方针政策的地名，应当更名。

④履行法定程序：地名命名、更名必须履行法定的批准手续或程序。

⑤规范译写：少数民族语地名或外国地名的汉字译写，以 1976 年国家测绘局、中国文字改革委员会联合修订的《少数民族语地名汉语拼音字母音译转写法》及中国地名委员会制定的译写规则为准。

（3）标准地名

《地名管理条例实施细则》第十三条对标准地名的定义为“凡符合《地名管理条例》规定，并经县级以上人民政府或专业主管部门批准的地名为标准地名”。

53. 地名为什么要标准化？

随着人类社会经济的发展、科学技术的进步，特别是以计算机网络、卫星技术、光缆为代表的现代通信技术和现代化交通的飞速发展，人类的活动空间迅速扩大、社会交往日益频繁。地名作为人们在社会交往中使用最频繁、用途最广泛的工具之一：一方面其社会价值和社会地位不断提高，表现为地名使用范围越来越大、频率越来越高、使用的手段越来越多；另一方面也对地名称谓的统一、书写的一致提出了更加严格的要求。地名称谓的不一致、书写和译写的不统一、一地多名、一名多地（重名）、一名多写（一个地名多种书写形式）等不规范问题，不仅不利于经济建设、国际交往和人们的日常生活，而且给现代化的交通、邮政、通信、外交及国防等事业造成不便和损失。很多国家纷纷呼吁解决地名的规范化问题。根据有关国家的建议，1960 年联合国经济及社会理事会成立了地名专家组，专门负责地名标准化问题。

大力推进并逐步实现地名国家标准化，进而推进地名国际标准化，为国家社会主义现代化建设和国内外交往及人们的日常生活提供便捷的公共服务，是我国地名工作的根本任务。实现地名标准化，有利于维护国家领土主权和民族尊严，有利于加强民族团结，有利于国家经济和社会发展，有利于国际交流合作，有利于社会交往和人们日常生活，有利于国防建设和社会治安，有利于推进中国特色社会主义文化建设。

54. 地名标准化的原则是什么？

我国国家地名标准化的原则是：

①地名的文字书写要符合正字、正音的规定。

②地名不应有损害中国领土主权和民族尊严、带有民族歧视、妨碍民族团结、侮辱劳动人民以及其他违背国家方针政策的含义。

③地名的命名、更名要根据国家有关规定并履行法定手续。

④地名罗马字母拼写以《汉语拼音方案》作为统一规范。

⑤少数民族语地名的译写要符合国家制定的规范要求。

55. 新地名的命名应遵循哪些原则？

《地名管理条例实施细则》规定了新地名命名的一般原则：

①有利于国家统一、主权和领土完整。

②反映当地人文或自然地理特征。

③使用规范的汉字或少数民族文字。

④不以外国人名、地名命名我国地名。

⑤人民政府不驻在同一城镇的县级以上行政区域名称，其专名不应相同。一个省、自治区、直辖市行政区域内，较重要的自然地理实体名称

不应重名；上述不应重名范围内的地名避免使用同音字。一个县（市、区）内的乡、镇、街道办事处名称，一个乡、镇内自然村名称，一个城镇内的街、巷、居民区名称，不应重名。国内著名的自然地理实体名称不应重名。

⑥不以著名的山脉、河流等自然地理实体名称作行政区域专名；自然地理实体的范围超出本行政区域的，亦不以其名称作本行政区域专名。

⑦县、市、市辖区不以本辖区内人民政府非驻地村镇专名命名。

⑧乡、镇、街道办事处一般应以乡、镇人民政府驻地居民点和街道办事处所在街巷名命名。

⑨新建和改建的城镇街巷、居民区应按照层次化、序列化、规范化的要求予以命名。

56. 不符合地名命名原则的地名有哪些表现形式?

不符合地名命名原则的现象主要有：一地多名、一名多地、一名多写、地名命名刻意崇洋、名实不符、地名译写不准确、地名用字不规范、地名含义不健康等。

近 30 年来，我国有 6 万多个乡镇名称和 40 多万个村名被废弃。与之相对应的是，“大”“洋”“怪”“重”的地名层出不穷。

“大”是指夸大其词，名不副实。一些人为了引起公众注意，达到哗众取宠的目的，罔顾地理实体的实际情况，一味热衷于使用“大道”“大厦”“广场”“花园”“商城”等地名通名，但实际上广场不大，商城也就是一个小铺面。这种夸大其词的做法造成严重的名不副实现象，破坏了地名的指类性，使地名难以发挥传递信息的作用。

“洋”是指罔顾传统、崇洋媚外。一些地方热衷于起洋地名。“曼哈顿”“威尼斯”“加州 1885”等洋地名随处可见，这些地名不能恰当地反映当地的历史和文化，割断了文明脉络。

“怪”是指稀奇古怪、莫名其妙。有的地方出现了如“黄泉路”“十八路”这样的怪地名，让人难以理解，容易引起歧义；有些地名还含义不良，甚至庸俗低级，社会影响不好。

“重”是指多地一名、重复使用。有的城市多条道路都用相同的一个名字。造成重名的原因，有的是由于地名管理部门信息不畅，各行其是地命名所致；也有些是由建设部门或有关单位随机命名造成的。重名现象给人们的生活带来很多不必要的麻烦，降低社会效率，造成巨大浪费。

通过第二次全国地名普查，一批“大”“洋”“怪”“重”的名字将被清理整治，同时还将恢复一批老地名。

57．地名标准化的主要内容有哪些？

在地名普查中发现的地名不规范问题，按地名管理法规规定，对其进行标准化处理，主要内容有：

①对有地无名的有地名作用的地理实体进行命名。

②对一地多名、一名多写，或在一定范围内重名的地理实体，须确定一个标准名称。

③对罔顾传统、刻意崇洋的外来语地名和用英文译写通名的地名等不规范地名，予以更名和纠正。

④对地名译写不准确、用字不规范的问题，依据有关规定予以纠正。

⑤对地名罗马字母拼写不准确、不规范的，按照有关拼写规则予以纠正。

⑥对带有区域性或有特殊文化含义的地名专用字和地名专有读音，按照现行的有关规定，进行审音定字。

58．什么是地名标志？

地名标志是标示地理实体专有名称及相关信息的设施。地名标志分为自然地理实体地名标志和人文地理实体地名标志两大类。

自然地理实体地名标志又可分为海域地名标志（海洋、海湾、海峡、海滩、海岛、群岛、岬角、半岛等地名标志）、水系地名标志（河流、河源、河口、湖泊、陆地岛屿、冰川、瀑布、泉等地名标志)、地形地名标志(平原、盆地、高原、丘陵、山脉、山口、山谷、山峰、火山、草原、森林、沙漠、戈壁、绿洲等地名标志)。

人文地理实体地名标志又可分为居民地地名标志(街、巷、区片、小区、门、楼、楼单元、楼层和村等地名标志)、行政区域地名标志(省级地名标志、地级地名标志、县级地名标志、乡级地名标志)、专业区地名标志(矿区、农业区、林区、牧区、渔区、工业区、边贸区、开发区、自然保护区等地名标志)、设施地名标志(火车站、汽车站、地铁站、海港、河港、渡口、飞机场、桥梁、隧道、环岛等具有地名意义的交通设施的地名标志,池塘、海塘、水库、蓄洪区、灌溉渠、堤坝、运河等具有地名意义的水利设施的地名标志,以及发电站、输变电站等具有地名意义的电力设施的地名标志)、纪念地和旅游地地名标志(风景区、公园、人物纪念地、事件纪念地、宗教纪念地等地名标志)。

地名标志的版面内容、布局、颜色、尺寸规格、外观、基本性能、特殊性能、支撑装置、导向标志、外置照明器材等应按照《地名 标志》(GB 17733)的规定实施。

59. 为什么要进行地名设标?

地名标志是为社会公众使用所设立的标示地理实体名称的标志,它是实现地名标准化、美化城市、优化环境、方便人们生活的重要方面。地名设标工作范围包括:

①行政区域名称标志。

②居民地、街(路、巷)名称标志。

③门(楼)编码名称标志。

④山、河、湖、岛等自然地理实体名称标志。

⑤具有地名意义的建筑物和台、站、港、场名称标志。

⑥其他起导向作用的辅助地名标志。

60. 地名标志的设置应遵循哪些原则？

地名标志的设置应遵循下列基本原则：

①行政区域名称标志，应设在位于主要交通道路的行政区域界线上。

②居民地名称标志，应设在居民地的主要出、入口处。

③街（路、巷）名称标志，应设在街（路、巷、胡同、里、弄）的起止点、交叉口处。起止点之间设置地名标志的数量要适度且合理。

④楼、门编码名称标志，应设在该建筑物面向主要交通通道的明显位置。

⑤山、河、湖、岛等自然地理实体名称标志，应设在其所处的主要交通道路旁或该自然地理实体的显著位置。

⑤具有地名意义的建筑物名称标志，应设在该建筑物面向主要交通道路的明显位置。

⑦具有地名意义的台、站、港、场名称标志，应设在该台、站、港、场面向主要交通道路的明显位置。

⑧其他具有导向作用的辅助地名标志，要按照方便、实用、清晰的原则设置。

61. 城乡地名标牌的分类有哪些？

城乡地名标牌按照所标示地理实体类型的不同分为街牌、巷牌、楼牌、门牌四种，其中门牌分为小门牌、大门牌两种。

地名标牌（图 6-1）：在公共场所使用，以标示地理实体专有名称为主题的牌子。

街牌（图 6-1）：标示较宽街道（明确划分机动车道和人行行道）名称的地名标牌。

巷牌（图 6-2）：标示较窄街道（如巷、胡同、里、弄等）名称的地名标牌。

楼牌（图 6-3）：标示编号楼房名称的地名标牌。

门牌（图 6-4）：标示院落、独立门户名称的地名标牌。

图 6-1　街牌

图 6-2　巷牌

图 6-3　楼牌

图 6-4　门牌

62. 地名标牌的书写有什么规定？

参考中华人民共和国国家标准《地名标牌　城乡》（GB 17733.1），地名标牌的书写有如下规定：

①地名标牌使用等线黑体字。

②地名的汉字书写形式使用国家确定的规范文字。

③文字端正，笔画清楚，排列整齐、间隔均匀，整体位置适中。

④汉语拼音按照普通话拼写。地名中的多音字和异读音根据普通话审音委员会审定的读音拼写。拼写方法按照《中国地名汉语拼音》：

——专名与通名分写。

——专名或通名中的修饰、限定成分，单音节的与其相关部分连写，双音节和多音节的与其相关部分分写。

——通名已专名化的，按专名处理。

——以人名命名的地名，人名中的姓和名连写。

——地名中的数词用拼音书写。

——地名中的代码和街巷名称中的序数词用阿拉伯数字书写。

——标牌上的汉语拼音一律大写，拼音词汇间的间隔应大于一个大写拼音字母。

——凡以 A、O、E 开头的非第一音节，在 A、O、E 前用隔音符号隔开。

——地名汉字书写中的“儿”字的儿化音用“R”表示，没有“儿”字的不予表示。

——移行以音节为单位。

——标牌上的汉语拼音不标声调。

——少数民族语地名汉语拼音拼写原则上按照《少数民族语地名汉语拼音字母音译转写法》拼写。

⑤标牌上标示邮政编码时，在“邮政编码”四个字后空一格标示编码，编码用阿拉伯数字书写。邮政编码的字号比汉语拼音字号小一号。

⑥少数民族地区标示民族文字使用的字体按照国家有关规定执行。

第七章
地名普查成果

63. 地名普查成果有哪些？

地名普查成果有九项内容，具体包括：

①国家地名和区划数据库数据。

②第二次全国地名普查地名目录（图 7-1）。

③第二次全国地名普查地名成果表（图 7-2）。

④第二次全国地名普查地名成果图。

⑤第二次全国地名普查地名标志登记表（图 7-3）。

⑥第二次全国地名普查地名用字读音审定申报表。

⑦第二次全国地名普查地名标准化处理统计表。

⑧跨界自然地理实体地名录、图、表。

⑨地名普查工作总结（图 7-4）。

第二次全国地名普查地名目录

编制单位：北京市东城区第二次全国地名普查领导小组办公室　　编号：1-16

序号	地名代码	标准名称	地名类别
[illegible]	1101010172[illegible]	[illegible]	[illegible]

图 7-1　地名目录

第二次全国地名普查地名成果表

编制单位：北京市东城区第二次全国地名普查领导小组办公室　　编号：1-1

地名代码	11010101721500000000		类别名称	非建制行政区
标准地名	汉字	永定门外街道		
	民族文字		语种	
	罗马字母拼写	Yǒngdìngménwài Jiēdào		
	使用时间	现今地名		
简称		别名	曾用名	
地理位置	东经（自） 116°22′17.00″		东经（至） 116°21′…	
	北纬（自） 39°51′…		北纬（至） 39°52′17.00″	
图幅名称		比例尺 1:5000	图号（年版）	
所在（跨）行政区	永定门外街道			
地名的来历、含义及历史沿革	[illegible]			
地理实体概况	[illegible]			
资料来源	[illegible]			
多媒体信息				
备注				

图 7-2　地名成果表

第二次全国地名普查地名标志登记表

编制单位：北京市东城区第二次全国地名普查领导小组办公室　　编号：8-133

地名代码	110101008235114000000102	标准地名	建国门北大街		
罗马字母拼写	Jiànguómén Běidàjiē	民族文字			
所在（跨）行政区	建国门街道				
标志位置	东经：116°25′45.07″	北纬：39°54′60.72″			
设置单位					
设置时间					
生产厂家		材质	金属材料	规格	1100*350
标志照片文件名：建国门北大街01.jpg 建国门北大街02.jpg					

图 7-3　地名标志登记表

东城区第二次全国地名普查工作总结

北京市第二次全国地名普查领导小组：

根据国务院及北京市有关《第二次全国地名普查验收办法》和《实施〈第二次全国地名普查验收办法〉工作细则》的通知，按照东城区第二次全国地名普查实施方案，东城区第二次全国地名普查领导小组办公室（以下简称"区地名普查办"）以"统一领导、分工协作、属地负责、共同参与"的工作原则，精心组织、加强调度，完成了我区第二次全国地名普查验收工作，形成了区级地名普查的初步成果。现将有关工作汇报如下：

一、基本情况

作为首都功能核心区的重要的组成部分，东城区的历史文化资源丰富，辖区内的地名条目数量多且集中、历史沿革内容悠久而复杂。全区共 17 个街道办事处，182 个社区。在 41.84 平方公里的辖区范围中，旧城为 31.04 平方公里，占全区面积的 74.2%；历史文化保护区有 18.5 片，占全区面积的 25.5%，其中皇城和东四三条至八条被评为第一批国家历史文化保护街区；此外拥有国家、市、区三级文物 164 处，未核定等级的不可移动文物 193 处，挂牌保护院落 413 处，优秀近现代建筑 19 处；还有皇城、天坛、大运河（部分）3 处世界文化遗产。

二、组织情况

图 7-4　地名普查工作总结

64. 地名普查归档主要内容是什么？

地名普查归档的主要内容包括：

①地名普查领导小组名单、地名普查领导小组办公室成员名单。

②地名普查工作计划和技术方案、实施细则等。

③搜集的各种地名相关史料。

④普查工作图。

⑤领导讲话、会议材料、会议文件、会议纪要、座谈会记录等文字材料。

⑥培训方案、教材、课件等文字或电子材料。

⑦经费使用详细情况。

⑧保密制度和保密措施。

⑨地理实体设置标志时形成的各种资料。

⑩地理实体命名、更名和地名用字读音审定等材料。

⑪国家地名和区划数据库数据。

⑫第二次全国地名普查地名目录。

⑬第二次全国地名普查地名成果表。

⑭第二次全国地名普查成果图。

⑮第二次全国地名普查地名标志登记表。

⑯第二次全国地名普查地名用字读音审定申报表。

⑰第二次全国地名普查地名标准化处理统计表。

⑱第二次全国地名普查检查验收报告。

⑲第二次全国地名普查过程中形成的各种音像资料。

⑳地名普查工作总结。

㉑其他资料。

65. 第二次全国地名普查档案归档有什么要求？

第二次全国地名普查档案归档应符合下列要求：

①地名普查档案应有专门的存放地点，并配备相应的保管设施设备，做好防火、防盗、防潮、防污染、防虫害等保护工作，确保地名普查档案的安全。

②地名普查档案保管部门必须制定档案的利用制度，对档案的利用范围、审批权限等做出严格的规定。任何单位和个人未经地名行政主管机关允许，不得公布地名普查档案。

③对于涉密档案的利用，应当遵守国家有关规定，并按照保密工作程序审批。

④地名行政主管机关及其档案工作机构应当积极开发利用地名普查档案，总结推广档案利用的先进经验。

66. 第二次全国地名普查成果的转化形式有哪些？

地名普查成果转化利用，要充分利用普查获得的全面、准确、权威的地名信息和数据，开发研制生产多层次、多种类、可满足不同需求的地名公共服务产品，不断提高地名公共服务能力。这些公共服务产品主要包括：地名图（集）、地名录、地名词典、地名志等综合类工具书，地名文化遗产重点保护名录等专科类工具书，地名故事丛书等知识性、趣味性较强的各类地名出版物，地名公共服务网站，地名触摸屏，问路电话，导航产品，地名文化遗产宣传片等。

67.《第二次全国地名普查成果转化规划（2015—2020年）》有哪些具体任务？

（1）地名基础研究

充分利用地名普查成果，积极推动地名学理论研究和应用实践，为地名工作提供理论指导和方法支持，推动完善地名管理相关法规。组织和引导高等院校、科研院所、企事业单位围绕地名标准化、地名信息化、地名管理、地名规划、地名文化等领域开展研究，形成一批有深度、有影响、能够带动地名学创新发展的专业论著。积极推动完善地名标准体系，充分利用地名用字读音审定、跨界自然地理实体命名和更名审定工作成果，以审音定字、信息服务、地名标志、地名文化遗产保护等领域为重点，制定地名专用字、地名异读音、地名信息服务、新型地名标志、地名文化遗产认定与保护等一批国家及行业标准，鼓励各地从本地实际出发制定居民小区、建筑物、城市道路、乡村道路命名的地方标准。形成以国家标准、行业标准为主体，地方标准为补充，结构合理、重点突出、适应社会发展要求的现代地名标准体系。

（2）地名图书编纂

依托第二次全国地名普查资料，按照分类、分级、分批的原则，编纂出版一批标准地名图（集）、标准地名录、标准地名词典和标准地名志等权威地名工具图书，充分满足社会对地名信息的需求。编纂出版《中华人民共和国标准地名图》《中华人民共和国标准地名图集》《中华人民共和国标准地名录》《中华人民共和国标准地名词典》《中华人民共和国标准地名志》，各省（自治区、直辖市）、州（地、市）、县（市、区）标准地名图录典志以及相应电子工具图书。积极吸收社会力量参与地名工具图书编纂，鼓励并推动高等院校、科研院所以及专家学者编纂地名释义、地名考释等专题性、区域性、学术性地名工具图书。

（3）地名文化保护

充分挖掘地名普查成果，促进地名优秀文化的传承、保护和弘扬。建设优秀地名文化研究、考证和发布平台，开通一批地名文化专题网站，编制发布《中国地名文化遗产保护名录》和地方地名文化遗产保护名录，利用碑、牌、展示厅、博物馆等多种方式宣传地名文化。在《千年古县》基础上，进一步筹划拍摄《千年古城（都）》《千年古镇》《千年古村落》《地名中国》等地名影视作品，推动编纂地名文化丛书、地名文化图集等图书，积极扶持社会力量开发动漫、游戏等系列地名文化产品。依托报刊、广播、电视等传统媒体和网络、手机、数字电视等新媒体，策划举办地名文化主题展览、地名文化微电影、地名知识竞赛、地名摄影比赛等一系列宣传活动，不断扩大地名文化影响力。

（4）地名信息化建设

建设国家、省、市、县四级区划地名数据库，以及地名标志、地名专用生僻字、地名语音、历史地名专题数据库，形成全国区划地名数据支撑体系，推进地名地址数据库建设。建设地名信息政务管理平台，实现地名命名、更名等申报审批政务的全流程网络化管理。建立区划地名数据库更新长效机制和地名信息共享机制，实现地名与基层政权、救灾等其他民政业务之间的数据共享，推动与其他政府部门以及军队之间地名数据共享，充分发挥地名信息在服务社会经济发展、保障国防军队建设中的积极作用。建设地名信息社会服务平台，创新应用电子地图、遥感影像、三维仿真等技术手段，拓展利用云平台、大数据、物联网等技术方式，向社会提供权威、及时、准确的地名信息服务。鼓励社会力量基于地名信息社会服务平台，开发面向行业的应用服务产品。

（5）地名公共服务

以区划地名数据库为基础，进一步深化地名公共服务。应用电子信息新技术开发具有电子定位和物联网功能的新型地名标志，探索新的地名标志运营模式，为社会提供更加准确、便捷的地名导向和信息服务。指导各地结合普查成果和城市发展规划，编制城市和建制镇地名规划，尤其是新区地名规划，推动有条件的地方编制乡村地名规划。鼓励地名主管部门会同行业主管部门依据国家地名法规编制机场、港口、车站、海域等行业地名规划。

68. 北京市在地名图书编纂方面有何规划?

根据国务院普查办对图、录、典、志编纂工作的具体安排，适时启动地名图书和工具书的编撰工作。到2020年，完成《北京市地名志》、北京市各区地名志和《北京市标准地名词典》的编纂出版；编制完成《北京市标准地名图集》、北京标准地名系列挂图、《北京历史地图集》和其他地名图（集），以及相应电子工具图书；编制完成《北京标准地名录》，根据需要编写标准地名录综合卷、政区卷、居民点卷、纪念地和旅游胜地卷、交通运输设施卷、自然地理实体卷等多个分卷。

69. 北京市如何实施地名文化保护？

通过各种媒体加强北京地名文化宣传。按照《第二次全国地名普查成果转化规划（2015—2020 年）》和国务院普查办的工作要求，编制发布北京地名文化遗产保护名录，开辟北京地名文化专题网站或者专栏，利用碑、牌、展示厅、博物馆等多种方式宣传北京地名文化。协助拍摄反映北京地名文化的专题片和影视作品；支持出版《千年古镇》、“北京区县地名文化”丛书、“消失的北京”丛书、《北京市古今街巷变化图》、“北京文化带”丛书等系列地名文化丛书、地名文化图集等。鼓励社会力量将地名文化融入动漫、游戏文化创意产品之中。依托报刊、广播、电视等传统媒体和网络、手机、数字电视等新媒体，策划举办地名文化主题展览、地名文化微电影、地名知识竞赛、地名摄影比赛等一系列宣传活动，不断扩大地名文化影响力。

70. 北京市地名普查成果转化规划在地名信息化建设方面有哪些举措？

（1）建设北京市区划地名数据库

建设北京市、区两级区划地名数据库。根据工作需要，建设具有北京特色的专题地名数据库，主要包括北京市地名标志数据库、北京市地名地址数据库、北京市历史地名数据库、北京市地名专用生僻字数据库、北京市地名语音数据库等。

（2）建立北京市区划地名数据库管理系统

为实现与国家区划地名数据库管理系统之间的有效衔接，建立北京市区划地名数据库管理系统。基于北京市第二次全国地名普查成果，进一步完善北京市地名信息政务管理平台，丰富地名数据，实现地名命名、更名、公示等申报审批政务流程的高效运行。

（3）建立区划地名数据库更新长效机制和地名信息共享机制

建立区划地名数据库更新长效机制和地名信息共享机制，实现地名与其他政务数据的融合共享，推动与其他政府部门以及军队之间地名数据共享，充分发挥地名信息在服务经济社会发展、保障国防军队建设中的积极作用。

71．北京市在地名公共服务方面有何规划？

建设地名信息社会服务平台。应用电子地图、遥感影像、三维仿真等技术手段，拓展利用“互联网+地名”的技术方式，向社会提供权威、及时、准确的地名信息服务，满足社会大众对地名信息定位查询、导航服务及地名文脉传承等方面的需求。鼓励社会力量基于地名信息社会服务平台，开发面向行业的应用服务产品。

72．北京市在地名基础研究方面有哪些规划？

支持开展地名基础研究，围绕地名文化遗产保护、地名管理与城市管理、地名信息化与智慧城市建设、地名标准化、地名法规体系建设、地名管理与区域协同发展、地名规划与城市规划衔接、地名文化与创意产业发展、地名文化与旅游业发展、地名文化与民族融合、地名变迁与语言学发展等领域开展研究，形成一批有深度、有影响的学术成果。谋划建设北京地名文化研究、考证和发布平台，举办地名文化发展论坛，繁荣学术交流。依托相关学术机构，建立地名文化研究工作长效机制，开展与地名普查成果转化和地名研究相关的工作。

第八章 北京地名特色

73. 北京地名有哪些特色？

北京是国家级历史文化名城，是举世闻名的古都，也是一座现代化的世界都市。北京地名命名的特点突出，归纳为以下特点。

（1）以圈层结构命名

二环以内的老城多以“胡同”“街”“巷”“路”等为通名，环绕它们一圈的地名以“门”为通名，体现城市特色，如西直门、德胜门、永定门等，显示出旧时城门的所在位置与分布格局。由此向外，普遍存在着以“村”“庄”等为通名的聚落名称，代表着命名初期该聚落属于农村类型；最外围尤其是北、西、西南三面，则出现了以“山”“峰”“沟”“谷”“坡”“峪”等为通名，表现山区特征的地名。例如，在北京老城区段，地名中多带“街”“路”“胡同”，这是北京城市地理特点的生动反映；又以内城九门、外城七门为界，区分了旧时的城区和乡村；而往东北走，在京城近郊处（朝阳至顺义），有靠近北京老城区的“街”“里”“路”，更有以聚落名称为主的“乡”“镇”“村”“庄”“营”“店”，具有从城市地名向乡村地名过渡的特征；继续往东北行进，在京城远郊处（顺义至平谷），地名则多带体现山区特征的“山”“坨”“峪”“沟”“口”“关”等字眼。就各区而言，行政中心所在的城区，地名以“街”“路”“居住区”

为主，外围则以“村”“庄”等聚落名称为主，其间也存在圈层结构。

（2）地名生活化

北京地名生活化，柴、米、油、盐、酱、醋、茶都含在北京的地名之中，北京有柴棒胡同、米市胡同、油坊胡同、盐店胡同、酱坊胡同、醋章胡同和茶儿胡同。人在生活中经常要接触金、银、铜、铁、锡这五种金属，于是就有了金丝胡同、银丝胡同、铜铁厂胡同、铁门胡同和锡拉胡同。生活中有买卖市场，就出现了钱市胡同、驴市胡同、米市胡同等。还有以姓氏命名，如史家胡同、方家胡同等；有以形状命名，如口袋胡同、耳挖勺胡同等；有以标志物命名，如砖塔胡同、铁狮子胡同等；有以生活用品命名，如绒线胡同、剪子巷等；有以职业招牌命名，如赵锥子胡同、李纱帽胡同等；还有以寺庙命名，如灵境胡同、净土寺胡同；有以衙署机构命名，如兵马司胡同、钱粮胡同等。

（3）以动物、植物、地物、外地地名命名的地名众多

以动物命名的地名，如石虎巷、石猴街、鹁鸽市、翔凤胡同、羊房胡同、前牛犄角胡同、老虎庙、马神庙、铁老鹳庙、二龙路、骡马市大街、马甸、牛栏山、麒麟碑胡同、铁狮子坟、豹房、鸦儿胡同、金鱼池、象来街、虎坊路、鲜鱼口、牛街等。以植物命名的地名，如花市、花园路、芳草地、西草园、槐树街、椿树巷、木樨地、果子巷、豆芽菜胡同等。以地物和外地地名命名的地名详见后续章节。

（4）以住宅小区、桥梁、地铁车站、公交车站命名的地名众多

改革开放以后，北京市城市面貌焕然一新，老城改造和新城扩建后的新地名命名也呈现新的特点，由原来的胡同改造为功能齐全的功能社区，如“××里”“××园”“××社区”“××小区”等。现代城市交通还带来了众多桥梁的命名，以地铁车站和公交车站命名的数量大是命名的另一特点。

（5）地名文化内涵丰富

从地名的文化内涵来看，内涵丰富是北京地名的最大特点，地名的专名大都体现了地名的内涵。尹钧科研究员将北京地名的特点归为“皇气、官气、大气、文气、武气、民气、神气、古气”8个点。

“皇气”是指北京城的皇家气派。明清时期，城分四重，分别是外城、内城、皇城、宫城。皇城是皇家禁地，其东西两墙外的南北街道分别称为东皇城根和西皇城根，地名保留至今但改成黄城根。另外其他许多地名，如王府井、公主坟、驸马庄、太子务、皇后店等，也体现出了皇家气派。

“官气”是说作为首都和国家政治中心，官府、官员云集，以官府、官员命名的地名有很多，如太仆寺、宰相庄、兵马司胡同、衙门口、官园、外交部街胡同等以官职名或衙门命名的地名。

“大气”是指北京城中的地名多有涉及天地、旗开得胜、平安吉祥的地名，如天安门、地安门、德胜门、安定门、长安街等。一些小地名也十分大气，如什刹海、北海、中南海，只是几个小湖泊，却冠以“海”名，别处少见。紫禁城后宫之中，皇帝寝殿曰“乾清宫”，象征“天”；皇后寝宫曰“坤宁宫”，象征“地”；中间交泰殿象征天地和合，阴阳交融，如此大气，除此一城，无处可有。

北京地名的“文气”源于其众多地名都有深刻的文化含义。元朝时按街道拟定坊名，个个都出自古代经典。明清紫禁城中宫殿门楼个个文气十足，其他地名如崇文门、国子监、贡院胡同、新文化街等也透露出浓厚的文化气息。

北京地名的“武气”通过与军事相关的地名体现出来，如宣武门、将军关、司马台、古北口、白马关、五城兵司马、校场口、西二旗等；还有以古代兵器命名的街巷胡同，如箭杆胡同、弓匠营、炮局箭厂胡同等；现代地名如军事博物馆等。

北京地名的“民气”是指街巷胡同地名，大都是居民自己命名的，特别贴近百姓的生活。耳鼻眼嘴、锅碗瓢盆、米面鱼肉、油盐酱醋，无一不可作为地名，如烟袋斜街、剪子巷、盆儿胡同、笤帚胡同、大耳胡同、米市大街等都属于这类地名。

北京地名的“神气”体现在与祭祀天地祖宗相关的一些地名上，表现出对天地神灵祖宗的敬畏，如大坛、贤良祠、先农坛等。

北京地名的“古气”在于其历史悠久，千年以上的地名数不胜数。如燕山可以上溯到西周初年，居庸关载于《淮南子》，平谷区、良乡镇载于《汉书·地理志》等。

（6）体现北京首都功能定位的地名众多

作为现代化国际大都市的北京，新产生的地名处处透露出北京全国政治中心、文化中心、国际交往中心、科技创新中心的四大功能。体现全国政治中心的地名在地名的“官气”中已见端倪。体现全国的文化中心的地名越来越多，如国家图书馆、国家博物馆、国家大剧院、农业展览馆、国家奥林匹克体育中心、美术馆后街等。体现国际交往中心的地名，如北京国际会议中心、北京国际展览中心、北京首都国际机场。随着“一带一路”、亚洲开发银行等项目的开展，体现国际交往中心的地名还会继续增多。体现科技创新中心的地名，如中关村科学城、怀柔科学城、昌平未来科学城三个科学城，北京清华科技园、北京科技大学科技园、北京丰台科技园等十多个科技园区。

74. 北京为什么多以胡同作为地名？

北京的胡同是从元代统一中国、定都燕京后兴起并逐步发展起来的。元代北京的街巷胡同共有 413 条；明朝推翻元朝后，在改建元大都基础上增建外城，街巷胡同数量有所增加，数量有 1 000 多条，其中内城 900 多条，外城 300 多条；清代定都北京，沿用明北京城，将一些官府、仓、厂改建成王府或其他居民区，胡同数量达到 2 000 多条；民国时期胡同有所增加，达到 3 200 多条；到新中国成立初，统计胡同数量有 3 000 多条。新中国成立后，随着经济和城市建设的发展，新建了部分胡同，但拆除、合并了很多胡同，有的胡同被拆迁改造成居住区或公园绿地，现今北京市共有胡同 1 000 多条。

一般认为北京的胡同直接起源于元代的坊巷体制，经逐步演化，胡同从原有的矩形区域空间含义转变为条状道路空间含义。现今的胡同主要指被两侧的合院型建筑物及其院墙所围合的街巷空间，它构成了旧城平房四合院居住区道路系统。合院型建筑物及其院墙是古代北京城的主体，决定了古代北京城的胡同数量众多。北京旧城传统的胡同代表民族、职业、文化背景和社会地位，具有不可或缺的编织经纬和空间组织功能。

75. 北京为什么有许多带“门”字的地名？

城门指城楼下的通道，是“城”的标志，城门与城楼雄伟壮丽的外观显示着城池的威严和民族的风采。城门是我国古代城市的一种防御建筑，城门、城楼之间以城墙相连，既有军事防御作用，又有城市防洪功能，形成古城一道坚固的屏障。在北京的发展历史中，最具代表性的三个城址（金中都、元大都和明清北京城）不尽相同，各个城址都有若干个城门，形成了北京众多的城门。这些城门大都不复存在，但地名却流传了下来。

金中都共设城门 13 座：东为施仁、宣曜、阳春，南为景风、丰宜、端礼，西为丽泽、灏华、彰义，北为会城、通玄、崇智、光泰；金中都保留下来的地名有会城门、丽泽桥等。

元大都共有城门 11 座：东为光熙门（今东城区和平里东广熙门）、崇仁门（今东直门）、齐化门（今朝阳门），南为文明门（今东单南、崇文门北）、丽正门（今天安门南、正阳门北）、顺承门（今西单南、宣武门北），西为平则门（今阜成门）、和义门（今西直门）、肃清门（今海淀区学院南路西端小西门），北为健德门（今德胜门小关）、安贞门（今安定门小关）；元大都保留下来的地名有健德门桥、安贞桥等。

距现代最近的明清北京城门又分为内城九门、外城七门、皇城四门、皇城其他、宫城四门、现代城门等。内城九门是指正阳门、崇文门、宣武门、朝阳门、阜成门、东直门、西直门、安定门和德胜门；外城七门是指永定门、左安门、右安门、广渠门、广安门、东便门、西便门；皇城四门指天安门、地安门、东安门、西安门；皇城其他指大明门、端门、东三座门、西三座门；宫城四门指午门、神武门、东华门、西华门；现代城门指和平门、复兴门、建国门、水关门。这些地名大都被原汁原味地保留下来，形成了如今北京众多的以“门”作通名的地名。

需要补充的一个以门作通名的地名是蓟门（今蓟门桥附近）。春秋战国时期的燕国，以蓟城（今北京）为国都，古称蓟城为蓟门。

76. 北京为什么有众多带“坟”字的地名？

北京有很多著名的地方叫“××坟”，如公主坟、八王坟等。作为有3 000多年建城史和860多年建都史的京城，北京产生了众多有雄厚经济基础的望族大户。中国讲究厚葬，老北京实行的是土葬，他们故去之后自然形成了众多的坟茔且墓地占地很大。坟地周围是农田或荒地，没有地名，慢慢地就以“××家的坟地”为名称，随着时间的积累，渐渐形成了众多以坟命名的地名。海淀区的公主坟、铁狮子坟、索家坟，朝阳区的八王坟、英家坟等，原本都在二环以外（属于城外），近几十年城市扩张，北京的建成区到了六环，这些六环内的坟地自然走进了闹市区。

含坟字的地名一般有三种：一类是皇族成员的坟，如八王坟、公主坟等；一类是以前大户家族的祖坟区域，如柴家坟、铁家坟，经城市改造后，坟茔基本全部迁走，但是原地还保留了地名；还有一些表示方位的普通百姓的坟，如西南坟。铁狮子坟是个例外，它不是以某个坟主的姓氏身份命名，而是以一对铁狮子命名的。这对铁狮子镇守的墓主究竟是何人，已经很难查考，铁狮子作为坟的附属物，当作地名保留了下来。

目前北京以坟命名的地名有70多条：

①海淀区：公主坟、九王坟、索家坟、牛碌坟、十王坟、瑞王坟、柴家坟、杜家坟、余家坟、于家坟、白家坟、高家坟、佟家坟、张家坟、罗家坟、铁家坟、九王坟、黄家坟、善家坟、李家坟。

②朝阳区：陈家坟、六公主坟、英家坟、架松坟、茶家坟、祁家坟、李家坟、何家坟、李县坟、张万坟。

③丰台区：朱家坟、西南坟、马家坟、杨家坟、张家坟、林家坟、曹家坟、李家坟、董家坟。

④石景山区：王爷坟、焦家坟。

⑤通州区：白家坟、魏家坟、桂家坟、将军坟、穆家坟。

⑥顺义区：王爷坟、王家坟、山子坟、陶家坟。

⑦昌平区：金家坟、张家坟、金家坟、牛家坟、祁家坟、庆王坟。

⑧怀柔区：马家坟。

⑨门头沟区：唐家坟、坟上村、色树坟。

⑩大兴区：张家坟。

⑪平谷区：白家坟、公爷坟、赵家坟。

⑫房山区：陈家坟、马家坟、高家坟、坟庄、芦家坟、七家坟、吴家坟、尤家坟。

⑬密云区：张家坟、董家坟、坟庄、何家坟、荆稍坟。

⑭延庆区：吴家坟、周家坟。

77. 北京地名中的“旗”字有何讲究？

北京有许多带“旗”字的地名，如镶黄旗、正黄旗、正白旗、蓝旗营、厢红旗、西三旗、西二旗、东三旗、东二旗等。提到“旗”字与北京地名的关系，就不能不说八旗军。

清朝定都北京后，八旗主力驻扎在城内外，称为“禁旅八旗”（“驻京八旗”）。除正阳门外，八个城门都有旗兵驻防。清朝统治者认为最大威胁来自北方，因此德胜门和安定门是防守的重中之重，皇帝亲自指挥正黄、镶黄两旗驻防。正黄旗居德胜门内，镶黄旗居安定门内，正白旗居东直门内，镶白旗居朝阳门内，正红旗居西直门内，镶红旗居阜成门内，正蓝旗居崇文门内，镶蓝旗居宣武门内。

除了这些带“旗”字的地名，一些地名虽不带“旗”，但也与八旗有关。如北营房、南营房、东营房等，都是驻守城门的八旗兵的营房。西城区宣武门外校场口胡同，是八旗兵练兵、习武的地方；德胜门外西北（今太平庄），是当时八旗最精锐的部队正黄旗旗营所在地，被认为是太平之地，所以此地被人们称为太平营。

北京还有几个地名虽带有“旗”字，但与八旗无关，如海淀区的西二旗、西三旗和昌平区的东二旗、东三旗。

78. 北京为何有很多带“窑”字的地名？

北京地图上，“窑”字命名的地名众多，人们熟悉的就有大北窑、刘家窑、大瓦窑、小瓦窑等。这些以“窑”命名的地名与北京城的建设密切相关。

明成祖朱棣迁都北京后，城市大规模建设，需要大量的砖瓦建材。为满足这种需要，北京烧制砖瓦的窑渐渐多起来，多集中在南城一代，形成了大北窑、刘家窑等。

这些窑烧制的砖瓦容易损毁，窑厂需不断生产，以满足建设和维修的需要，因此窑厂生存相对容易，如清末民初，潘家园（原名潘家窑）一带砖窑鳞次栉比，有近百家之多。

窑厂烧制砖瓦往往需要黏土作为原材料，然而黏土资源有限，一旦周边的黏土被挖光了，窑厂就会被废弃，窑主只能另寻更好的地方开窑。随开随弃，窑不在了，窑主也走了，地名却留了下来，所以北京的窑特别多，而叫“窑”的地方也特别多。

北京比较著名的“窑”有：大北窑，1939 年侵华日军在此挖坑取土、建窑烧砖，称大北窑；刘家窑；从明朝开始，这里开了许多砖窑瓦厂，据传一家窑主姓刘，世代烧窑，他家烧出的砖瓦成色好，不易碎，人们慕名而来，以后附近渐形成村落，称为刘家窑村；黑窑厂街，明永乐四年（1406 年）朱棣在北京建造宫殿，修筑城墙时设了 5 个窑厂，黑窑厂是其中之一，专门烧制城砖，因烧出的城砖为青灰色，俗称黑砖，故称为黑窑厂；后窑，修颐和园时在此烧砖瓦，颐和园竣工后，一部分窑工在此定居，颐和园的正门是北宫门，按“北前南后”的顺序，这个窑场得名“后窑”；白盆窑，北京丰台区因专门烧白盆的窑而得名。

北京以“窑”为地名的还有崔家窑、鲍家窑、邓家窑、严窑、魏窑等，均因窑主姓氏而得名。

北京延庆区称“窑”的地名最多，目前保留下来的地名有 20 多个，因为明朝为了防御外敌入侵，在八达岭以北修了许多城堡，城砖就地烧制，推动了窑业的繁荣。

79．北京为什么有很多以官署名称为名的地名？

北京是举世闻名的古都，有 3 000 多年的建城史，860 多年的建都史。因此有众多的国家或城市管理机构，久而久之这些机构的名称就成了驻地地名。例如，丞相胡同（今菜市口大街所在位置）因相传为明代大学士严嵩（相当于宰相职）曾居住于此地而得名；石景山区的衙门口村得名于清朝此村设立的宛平县第一衙署，其掌管方圆十里乡村的民政、纳税及诉讼，遂得名衙门口；东城区国子监街（又称国子监胡同）因孔庙和国子监在此而得名；东城区内务部街因民国时期北洋政府内务部在此地办公，故名内务部街；东城区的北兵马司胡同是明清地方官署北城兵马司旧址；西城区的旧刑部街是明清两代掌管刑律的衙门所在地，故名刑部街，民国以来，管理刑律的机关叫司法部了，设在今天人民大会堂的附近，因而把原刑部街名，前面加个“旧”字。类似的地名还有许多，如西城区按院胡同是明清地方官署巡按察院旧址，东城区火药局胡同是明清内官署火药局旧址，东城区钟鼓胡同是明清内官署钟鼓司旧址，东城区武学胡同是明清中央官署武学旧址，西城区学院胡同是明清地方官署提学察院旧址。

80．北京为什么有众多以高校和科研院所名称为名的地名？

作为全国的文化和科技创新中心，新中国成立初期，北京市设立了众多的高校和科研院所，这些高校和科研院所大都在城郊建设，驻地基本是农田或菜地，地名相对稀疏。因为原先没有地名，这些高校或科研院所的名称就先入为主，当作地名慢慢在民间流行开来，如航空学院、林业学院、民族学院、农业科学院、地质研究所等成为北京尤其是海淀区地名的重要组成部分。伴随着经济的发展，这些高校科研单位的名称发生了变更，相应的地名也就发生变化，如航空学院改为航空航天大学，林业学院更名为林业大学，民族学院更名为民族大学等。

81. 北京和上海的地名有何不同？

一般而言，上海道路的地名是与全国各省的地理位置方位大致相同。如我国的东北省份在东北方向，反映在上海的地名上也是在上海的东北方向，如松花江路、鞍山路等在上海东北部杨浦区。

上海地名的命名规则是，纵向（南北走向）是省的名称，横向（东西走向）是省以下的市、地区、县的名称。如南京路、九江路、汉口路、福州路、延安路等是横向；而四川路、江西路、河南路、福建路、浙江路、贵州路、广西路、西藏路等为纵向。当然也有特例，如广东路它是省名的路，但它却是横向。

北京也有一些以外地地名命名的本地地名，但比上海要少得多，而且也都有出处，最典型的如北京的苏州街、陕西巷和台湾街。苏州街南起紫竹院西侧的万寿寺，北至海淀镇西侧，至今已有 240 多年的历史。清乾隆十六年（1751 年），乾隆皇帝带其母到江南巡视，皇太后当时已年逾六旬，第一次出门去江南，非常喜欢江南的秀丽景色，回宫后仍念念不忘。乾隆皇帝是个孝子，在为其母祝贺七十大寿时，仿照江南的街景，从万寿寺往北到海淀镇、畅春园沿线，大兴土木，建成了一条长达数里的苏式“商业街”，俗称“苏州街”，并从姑苏城里选派商人在此经营，感觉好像置身繁华的苏州街头。咸丰十年（1860 年），此街被英法联军焚毁，但地名流传下来。

北京台湾街（又称北京台湾主题文化商业街）与苏州街的命名有异曲同工之处，只是它是个现代地名，仅有不到 20 年的历史。台湾街坐落于长安街西延线北京国际雕塑公园西南边缘，是北京市发展的重点特色商街，由曾任中国国民党名誉主席的连战先生亲自题写街名。街内汇聚台湾本土高档餐饮、主题餐厅、风味小吃、明星店铺、大型咖啡主题馆、原住民生活馆和工艺作坊等，是一条具有原汁原味台湾特色的高端商业街，故名北京台湾主题文化商业街。

北京以外地地名命名的地名还有镇江胡同、四川营胡同、山西街等。

由于北京是首都，20 世纪末修建了大量的驻京办事处，产生了大量以外地地名命名的建筑物，如湖北大厦、安徽大厦、四川大厦等。

82．北京地名中的“居”有什么讲究？

北京地名中的“居”，大多是因其所在地早年曾有过的茶馆、饭馆字号而得，其历史都比较悠久。地兴居位于东城区北部，地处老北京城的安定门外。清代在此设立旗营，一位山东人见这一带多有八旗子弟来来往往，就在此售卖茶水、酒水和零食。因此地离地坛不远，便取名为“地兴居”，意思是说由此地兴旺发达。解放初，此地形成居民区，便以茶馆之名称地兴居。

茂林居位于海淀区玉渊潭东南侧，因清代曾有人在此开设名为茂林居的饭铺而得。清代初期，有十几位跟随九王爷多尔衮打进北京城的八旗将士看中了茂林居这块宝地，便相继在这里安家落户。因旗人不准许经商，于是有一姓胡的汉人专为八旗子弟们开设了一家小饭铺，并依附近林木茂密而取名茂林居。后来此地逐渐形成村落，仍用茶馆之名，称茂林居，而那些旗人后代便在此居住了二百多年。20 世纪此地建成茂林居小区。

五路居位于海淀区南部，西四环路旁，据说最早叫五禄聚，是一家茶餐馆，以经营茶水和小吃为主，是五位结拜兄弟出资合开的。后因“禄”“聚”二字笔画太多，不便书写，于是简写成“五路居”。民国年间此地形成村落，便依茶馆之名而命村名。后来在这里修建了一个火车站，依地名称五路居车站，后简称为五路站，于是地名也被简称为五路。

此外，海淀区中部还有两个带“居”字的地方，分别叫四槐居和槐树居。四槐居位于玉泉山东侧，因清代村中大道旁有四棵古槐树，当年曾有鲍姓人家在大槐树下开设茶馆，来往客商在此饮茶歇息，村名因茶馆而得。离此不远的槐树居也是因村口有一棵古槐树，树旁有叫槐树居的茶馆而得名。

朝阳区太阳宫附近的芍药居是个现代地名，只是民间传说这一带曾种植过芍药，但文献中没有种植过芍药的记载。1990 年北京亚运会，在此建成了芍药居小区，后来城铁十三号线也在此设置了芍药居站，这一地名流行开来。

83. 北京郊区地名有什么特点？

郊区即城市地域范围内紧邻中心城区（建成区）的行政建制区。到2015年底，北京市十个远郊区县全部实现县改区：通州、顺义、昌平、怀柔、房山、大兴、平谷、密云、延庆、门头沟。它们和亦庄经济开发区作为北京新城，其地名数量相当可观。新城建成区一般都进行了地名规划，其通名的命名与中心城基本一致，专名则沿用了大量历史地名。专名的命名大多以原来的村、庄、店命名，每个新城及其辖区地名都各有特点，反映出各自的地域特征和历史渊源。

通州区是北京城市副中心，是北京参与环渤海区域合作的桥头堡。通州区的建设和发展将进入一个高速期，未来将形成以水为魂、以绿为韵的“北方水城”景观。因此，体现北京城市副中心和北方水城功能的地名会大量涌现。通州区传统地名带“垡”字的多，如西垡、胡家垡、小耕垡、朱家垡等。“垡”字是“耕地起土”之意，过去这一地区地势低洼，多沼泽地，大约在辽、金时，沼泽才干涸，于是有人来此“起土耕种”，一些地名便以最早耕种人的姓氏加上一个“垡”字而命名。

亦庄经济开发区作为一座新城，体现时代信息的地名较多，带数词的地名较多，新的地名规划考虑了历史地名保护，如南海子等。

顺义新城是北京重点发展的新城，是面向国际的首都枢纽空港、带动区域发展的临空产业中心和先进制造业基地，引导发展现代制造业，以及空港物流、会展、国际交往、体育休闲等功能。与此定位功能相对应，顺义新城现代地名大量涌现。顺义区的传统地名，带“务”字的多，如北务镇、前礼务、郭家务、齐家务等。“务”是古代管理贸易及税收的机构，宋、元时也将酒馆俗称为“务”。顺义位于北京东北处，是去往东北各省的必经之路，商贸发展较早，于是国家便设立了相对应的管理机构，多以“××务”相称。

门头沟区定位为京西生态涵养区，注重生态和旅游事业发展。此区自然环境山多、沟多，区名都带着沟。从传统的地名来看，门头沟与山联系的地名（如带“峪”字）较多，如香峪、艾峪、柏山峪、桑峪、水峪嘴、杨家峪等。

房山是首都的西南门户，也是西南的生态屏障，它有两个定位，分别是城市发展区和生态涵养区，房山区70%的面积是山区，山中又多地势低洼之地，水草丰富，形成村落后，人们就常以“××洼”命名，如蒲洼、白草洼、宝地洼、漆树洼、丁家洼等。随着房山区经济发展，与其高端制造业的新区定位相适应的地名也会大量涌现。

大兴新城核心区定位有四大中心功能：行政服务、商务办公、文化休闲、绿色居住。与四大中心功能相匹配的地名将陆续出现。大兴区是首都的南大门，素有“京南门户”之称，战略地位十分重要，既是平原地区又是京师驻军重地，同时也是明代许多山西、山东人的移居地。因此，以“营”字做通名的地名较多，如霍州营、长子营、赵县营、山西营、蒲州营、河津营、大同营等共30多个，这些营多半是山西省和山东省的地名。他们在明代永乐年间，来到京南地区，饲养猪、牛、羊等牲畜，供皇宫食用，一共设了58个营，随着时间的推移这些驻地逐渐变成了地名。

密云区位于北京市东北部，是首都重要饮用水源基地和生态涵养发展区，属燕山山地与华北平原交接地，是华北通往东北、内蒙古的重要门户，有“京师锁钥”之称，定位为绿色国际休闲区。密云山水兼备，自然地貌特征为“八山一水一分田”，山区面积占全县面积的五分之四，因此带“沟”字的地名众多，如塔沟、流河沟、梨树沟、龙潭沟等共40多个。它们集中在密云水库周围，其水系汇入密云水库，沟壑众多。

怀柔区境内多山，全区山区面积占总面积的89%，而且河泉众多，水源丰富，水质优良。该区以雁栖开发区为主体，辐射周边打造怀柔科学城；以中影基地为主体，辐射周边发展影视文化产业；依托雁栖湖国际会展中心发展会议、会展经济。与此三大发展战略相对应，陆续出现了相关的地名。怀柔区的传统地名带“门”字的较多，如喇叭沟门、南石门、古石沟门、对角沟门等，并集中在北部。在山谷的出口处最先形成村落，所以地名中除了带“峪”和“沟”字的较多外，有山口之意的“门”字地名集中出现。

昌平区是首都北京的北大门，有北京的后花园和“京师之枕”的美称。该区发展定位重点在做大做强央企地区总部和研发、销售、结算中心，大型现代装备制造企业的总部和研发、服务中心，以及科技创新型中小企业三大经济板块，构建以高新技术产业和生产性服务业为主导的现代产业体系。明朝时期昌平兴建了十三陵，永乐皇帝在沙河建了巩华城，城内设有行宫，从北京城内到巩华城沿线设立众多的巡逻护军的哨所以保证皇帝出行的安全。从巩华城开始自南一线设立了头拨、二拨、三拨、四拨……每个拨驻有十余名明军，并有烽火台和火炮。这些驻地就形成了今天的二拨子、四拨子等地名，所以昌平区带数字的地名较多是其一大特点，如东三旗、五里松、七里渠、八仙庄、北七家、十三陵、百善等。

延庆区地处北京市西北部，北东南三面环山，气候冬冷夏凉，素有北京“夏都”之称。延庆区是首都生态涵养发展区，全面实施生态文明发展战略，大力发展绿色经济。延庆区地处京北地区居庸关之外，是通往内蒙古、张家口及西北地区的交通要道，往来的人员很多，并在此停留歇脚，历史上出现了许多驿站，并以“××堡”命名，慢慢形成了地名。带“堡”字的地名多是延庆地名的一大特征，如白河堡、永安堡、榆林堡、辛庄堡等。

第九章 北京地名故事

84. 京城名字最美的胡同百花深处有什么来历？

百花深处（图 9-1）位于西城区什刹海街道西部，东起于护国寺东巷，西止于新街口南大街，北侧与新太平胡同相通，南侧与护国寺西巷相通，长 244 米，宽 3.2 米，为沥青质地路面。据《北京琐闻录》记载，明万历年间，有张姓夫妇在新街口南小巷内购买空地二三十亩，以种青菜为生。后来有了钱，该夫妇又在园林中种植树木，叠石为山，挖掘水池，修建草阁茅亭，使得这块菜地成为一个极其幽雅的所在；后又在园中辟地种植牡丹、芍药，在池中选种莲藕。春天，万物复苏，小草、树木抽出嫩芽，百花竞相开放，园中一片姹紫嫣红。夏日，夕阳西下，驶上小舟往来绿波之中，香风扑面，令人心旷神怡。黄菊橙香之秋，梅花晴雪之冬，四时皆宜，成为百花盛开的幽深胜景。当时城中士大夫等多前往游赏，并称它为“百花深处”。清代，花园荒废，形成街巷，遂称百花深处胡同。民国后简称百花深处。如今的百花深处虽然百花和诗词不再，但小巷深处传来的阵阵乐曲声，让人们不禁遥想当年文人们把酒赋歌的潇洒和豪迈。

图 9-1　百花深处胡同

85. 为什么说“一座恭王府，半部清朝史”？

恭王府（图 9-2）位于西城区什刹海街道柳荫街甲 14 号，为全国重点文物保护单位。恭王府是一处典型的王府花园，始建于 1776 年，是北京保存最完整的清代王府，其花园中的西洋门、御书“福”字碑、室内大戏楼并称恭王府三绝。恭王府原为清代乾隆宠臣和珅的私宅，和珅因贪污罪于嘉庆年间被抄家处死。之后宅第被分为东西两部分，嘉庆皇帝将西部赐给了弟弟庆亲王永璘，东部留给了十公主。咸丰元年，咸丰皇帝将整座王府赐给恭亲王奕䜣。咸丰二年四月二十二日，恭亲王奕䜣迁居此府，始称恭王府，并沿用至今。恭亲王奕䜣身兼议政王、军机领班大臣等要职，重权在握，显赫一时，大筑邸园，同时也对府邸部分进行了修缮与改建。调集来的百名能工巧匠，将江南园林艺术与北方建筑格局融为一体，西洋建筑及中国古典园林建筑荟萃一园，增置了山石林木。园内彩画斑斓绚丽，花草铺地，树木成荫，景随步移，恭亲王奕䜣为园子题名“萃锦园”。当年的萃锦园曾为京城王府之冠，被称为“人间神仙府，什刹海的明珠”。现在看到的恭王府建筑规模与格局，就是在那个时候形成的。恭王府历经了清王朝由鼎盛至衰亡的历史进程，承载了极其丰富的历史文化信息，因此被历史地理学家侯仁之先生形象地评价为“一座恭王府，半部清代史”。

图 9-2　恭王府

86. 正阳门为什么是北京城内城九门之首？

北京旧城有“内九外七皇城四”之说，指的是内城九门、外城七门及皇城四门。正阳门，元代称丽正门，为大都正门。大都南墙原在今天安门一线，朱棣定都北京以后，永乐十七年（1419 年）将南墙南移二里（即今前三门一线）重建。正统时，改丽正门为正阳门，取意南方为阳，又居中轴线，故名。正阳门（图 9-3），俗称“前门”，与地安门（俗称后门）南北呼应。正阳门是明清北京内城的正门（南门），是内城九门中最为高大、雄伟的一座城门，专走龙车凤辇，因此为内城九门之首。皇帝每年两次出正阳门，一次是冬季，到天坛祭天；另一次是惊蛰，到先农坛去耕地。正因如此，正阳门又称“国门”。1949 年 2 月 3 日北平解放，人民解放军举行入城式就是在这里。正阳门是明清时期北京内城九门中最为高大的一座城门，是中国封建社会后期城市布局、军事防御、礼仪制度和建筑艺术的综合体现，是老北京城的象征。正阳门建成迄今已近六百年的历史，它不仅“目睹”了明、清两代王朝的兴衰，也亲历了许多影响中国历史发展的重大事件，是北京历史文化的重要载体。

图 9-3　正阳门

87. 被誉为“中华第一街”的王府井大街有什么来历？

王府井大街（图 9-4）位于东城区东华门街道东北部，起于美术馆东街，止于东长安街，长 1 797 米，宽 12~31 米，为沥青质地路面。王府井大街历史悠久，汇集了几百家大大小小的购物中心和商店，还有瑞蚨祥、盛锡福等一众百年老字号商铺，是著名的购物胜地，被誉为“中华第一街”。其实王府井大街起初并不叫这个名字，在元代称丁字街（见《顺天府志》）；明朝属南熏坊，称王府街（见《京师坊巷志稿》）；明永乐十五年（1417 年）在此街东侧修建了十王府后，改称十王府街，又名王府街；清雍正十二年（1734 年）在十王府处改建贤良寺（见《日下旧闻考》），但王府街名称保留；清朝属镶白旗，乾隆时称王府大街，光绪三十一年（1905 年）重新厘定地名时改称王府井大街，因此处有为王府所用之甜水井而得名。民国四年（1915 年），《北京四郊详图》上将此街分为三段：北段从五四大街到灯市口西街称王府大街；中段从灯市口西街到东安门大街，称八面槽，因乾隆时该地设有八个官员饮马用的水槽而得名；南段称王府井大街。袁世凯称帝时，此街北段曾一度改称莫理循大街。莫理循是澳大利亚人，著名记者，1894 年来中国，后被《泰晤士报》聘用，1912 年被袁世凯聘为总统政治顾问。莫理循在王府井大街上住了很多年，因为他在西方知名度很高，当时外国人记不住“王府井”这么复杂的名字，就以他的名字代替，故地图上标为“莫理循大街”。1949年后，三段分别沿称。1965年整顿地名时，南段称王府井大街，北段将八面槽并入，称王府大街；“文化大革命”中将两段合并改称人民路。1975年更名为王府井大街，1996年王府井进行扩建改造，1999年9月11日王府井步行街开街，2000年9月11日第二次开街。

图9-4　王府井大街

88. 钱市胡同为什么是“北京最窄的胡同”？

钱市胡同（图9-5）位于西城区大栅栏街道东北部，东起于珠宝市街，西不通行。胡同全长55米，平均宽仅0.7米，最窄处仅0.4米，两个人通过此胡同需要面对面侧身通过，因此被称为“北京最窄的胡同”。胡同尽头曾有一座大罩棚，是清代官办的银钱交易大厅，简称“钱市”，胡同因此而得名。在清朝，胡同两侧都是当时政府特别批准的专门从事贵金属熔铸行业的作坊，这种行业在当时被称为“炉行”。民国建立之后，炉行失去了政府授予的特许经营权，加之币制改革，对贵重金属熔铸的市场需求萎缩，炉行萧条、钱市无市，改建成银号铺房，因而这里可以算是中国现存最早，也是最完整的金融交易所。为什么要把钱市胡同修得这么狭窄，还是个死胡同呢？一种说法是故意为之，因为这里是专做钱币的，相当于造币厂，怕被人抢，路窄了人就跑不开，只要在胡同口一堵，贼肯定逃不掉；还有一种说法是当时的钱市胡同还比较宽敞，不像现在这样狭窄，因两侧的银号利用法律的漏洞，无节制地扩建他们的商号建筑，侵吞公共通道，最终使钱市胡同成为北京最窄的一条胡同。

图 9-5　钱市胡同

89. 花市大街的由来是什么？

花市大街（图 9-6）位于崇文门外，包括东花市大街和西花市大街，西起于崇文门外大街，东止于白桥大街，长 2 280 米，宽 20~25 米，也称花儿市，是北京一条繁华的商业街。明朝时，花市大街叫神木厂大街，因为此地建有神木厂，供奉着从江南运过来的“神木”。明末清初时，许多以做纸花、绢花为业的家庭小手工业者居住在花市大街附近。规模有大有小，有做纸花、绢花的，也有组装假花的。这些假花制作者大多居住在神木厂大街附近，每天早上都到神木厂大街设摊售卖，日久形成了花市，街名也相应改为花市大街。花市所出售的大都不是鲜花而是供妇女插戴的通草、绫绢、绰枝之类纸花。与花市和花儿市街相伴的是花市集。史书记载：“火神庙在花儿市，明隆庆二年建，为神木厂悟元观下院，有万历间右通政李琦碑。”清朝乾隆四十一年重修，每月逢四日都有花市集，即农历每月的初四、十四、二十四日，火神庙都有庙市。在庙市上，除了卖假花的，还有卖生活用品、衣帽穿戴、家具器具的。花市集一直从清乾隆年间延续到

1937 年“卢沟桥事变”。抗日战争爆发后，花市集萧条下来，但花市大街的地名却一直保留下来，同时还派生出多条以花市命名的街巷。

图 9-6　花市大街

90. 鲜鱼口是卖鱼的吗？

最早的鲜鱼口（图 9-7）真的就是卖鲜鱼的地方，其历史可追溯到元代甚至是金代和辽代，而形成鲜鱼口这个地名是明代的事。在辽金两代，北京都有开河疏通漕运的历史，元代有河从城里穿过来，穿到前门外、崇文门一带，向东南方向流向通州，那时这里才有鱼市。到了明代，漕船不许进城了，但前门外修城壕，挖壕口泄水，壕口到八里庄是三里，俗称三里河。三里河可以走渡船，也有渔民打鱼，打上鱼来就到正阳桥的西侧去卖，人多了慢慢形成一个鱼市。元朝时，附近有了房屋、街巷，鱼市周边异常热闹繁华，街巷名就叫鲜鱼巷，所以最早的鲜鱼口真的是卖活鱼的地方。到了清代，三里河彻底干枯没有水了，鱼也没了，鱼市自然消失了，但那里有巨大的客流，商人们建起了各种商铺、大棚、会馆和民居，还开设了不少的娱乐场所，促使这一带更加繁荣。此处“鲜鱼”的叫法依然保留了下来，只是把“巷”改叫“口”。再后来，建成了前门火车站，这里变成了重要的交通枢纽和客货集散中心。清末民初，形成前门外四条平行分布的著名商业街：大栅栏、鲜鱼口、西打磨厂、西河沿。

1999 年，鲜鱼口被公布为北京 25 片历史文化重点保护区之一。作为前门大街及东片修缮整治项目的重要组成部分，鲜鱼口街两侧总建筑面积约 5.6 万平方米，两侧建筑修缮保护为小体量、小开间的历史风貌商业店铺。2011 年 5 月，鲜鱼口街正式开街，街内汇聚了众多老字号，如便宜坊、天乐园、大众戏院、正明斋饽饽铺和长春堂药店等。

图 9-7　鲜鱼口

91. 南锣鼓巷（罗锅巷）有什么来历？

南锣鼓巷（图 9-8）位于北京中轴线东侧的交道口地区，北起鼓楼东大街，南至平安大街，长 786 米，宽 8 米，与元大都同期建成，是北京最古老的街区之一，至今已有 740 多年的历史。因其地势中间高、南北低，如一驼背人，元朝时得名罗锅巷。到了清朝，乾隆十五年（1750 年）绘制的《京城全图》改称“南锣鼓巷”，鼓楼东大街中段路北与南锣鼓巷相对的街道称为“北锣鼓巷”。南锣鼓巷是北京最古老的街区之一，是我国唯一完整保存着元代胡同院落肌理、规模最大、品级最高、资源最丰富的棋盘式传统民居区，也是最富有老北京风情的街巷。周边胡同有各种府邸、宅院。南锣鼓巷及周边区域曾是元大都的市中心，明清时期则更是一处大富大贵之地，这里的街巷挤满了达官显贵，王府豪庭数不胜数，直到清王朝覆灭后，南锣鼓巷的繁华才跟着慢慢落幕。

1999 年南锣鼓巷被列为北京市 25 片旧城历史文化重点保护区之一。2002 年以后，南锣鼓巷陆续有很多酒吧开张，成为新兴的北京酒吧街。2014 年 2 月 25 日，国家主席习近平曾到南锣鼓巷附近的雨儿胡同进行走访。同年 2 月 27 日，国民党荣誉主席连战及夫人也走访了南锣鼓巷。

图 9-8　南锣鼓巷

92. 地铁 10 号线金台夕照站的由来是什么？

地铁金台夕照站位于朝阳区呼家楼街道南部。车站建筑物面积 20 611 平方米，主要运营地铁 10 号线。车站为岛式站台，于 2008 年 7 月 19 日北京地铁 10 号线一期开通运营时启用。该地铁站为什么起名为金台夕照站呢？

“金台夕照”是燕京八景之一。燕京八景出现在金章宗时的明昌年间，分别为：“居庸叠翠”“蓟门烟树”“西山晴雪”“玉泉趵突”“琼岛春阴”“太液秋波”“卢沟晓月”“金台夕照”。古时关于“金台”的说法已久，最早称作黄金台，起源于燕昭王时代，曾置千金于台上，以延天下士，遂以得名。其后，金人慕其好贤之名，亦建台在中都城内。但“金台”到底在哪里，说法不一。例如，明蒋一葵著《长安客话》中说：“都城黄金台出朝阳门循濠而南，至东南角，岿然一土阜也。日薄崦嵫，茫茫落落，吊古之士，登斯台者，辄低眷顾，有千秋灵气之想。京师八景有曰‘金台夕照’，即此。”

这大概是说在朝阳门外。清代的《宸垣识略》有载：“永定门外三里有黄金台。”另外，马芷庠《北平指南》中说：“城内灯市口东口路北的二郎神庙，该处即内城‘金台夕照’。”

普遍较为采信的是清代以来的说法，即乾隆确认过的金台。乾隆十六年（1751年），乾隆曾作诗，概括了黄金台的历史情况。诗曰：“九龙妙笔写空蒙，疑是荒基西或东。要在好贤传以久，何妨存古托其中。豪词赋鹭谁过客，博辨方孟任小童。遗迹明昌重校检，睾然高望想流风。”并立“金台夕照”碑于朝阳门外关东店苗家地校场。为什么要立在这个校场呢？传说这个校场中间有个高台，称为金台，每年春分、秋分前后，夕阳西下之后，其他地方都没有光线，但金台较高，所以最后一缕太阳光还能照射于此。有次乾隆巡行至此，看到了这一景色，感叹称奇，得知这里叫苗家地后，担心苗家得天独厚，对朝廷不利，于是改苗家地为“金台夕照”，并就地立了一座碑。在1935年出版的《旧都文物略》中还可见到已经倒卧的石碑形状。1959年8月，北京市文物局还曾在苗家地北高地进行过考察，但无功而返。2002年12月，在京广大厦西南约500米处施工建设北京商务区财富中心大厦，开挖地基时挖掘出了这块深藏了几十年的石碑。目前，“金台夕照”碑已经扶正并竖立在财富中心大厦的庭院之中，经过此处的地铁10号线，站名因此而取作“金台夕照”（图9-9）。

图9-9　金台夕照

93. 被誉为“中国硅谷”的中关村的名字来历是什么？

中关村（图 9-10），位于海淀区中关村街道北部，泛指今中关村街道辖区范围及周边地区。中关村是国家自主创新示范区，起源于 20 世纪 80 年代初的“中关村电子一条街”。1988 年 5 月，国务院批准成立北京市高新技术产业开发试验区，这是中关村科技园区的前身。中关村国家自主创新示范区是中国第一个国家级高新技术产业开发区，第一个国家级人才特区，是我国体制机制创新试验田。中关村作为中国高科技产业中心，是著名的科学城，被誉为“中国硅谷”。提起中关村，人们立刻会联想到高科技，然而几十年前这里却还是一片荒凉的坟场，大多是太监的坟墓。因明清时期称太监为“中官”，所以这里被叫作“中官坟”。也有一说认为从明朝开始，太监多在此建庙宇和养老的庄园，也因当时人们称太监为“中官”，故称此地为“中官村”。中关村正式得名是在新中国成立后。新中国成立后选择在此处建中国科学院，但觉得“中官”二字喻义不雅，因此在北京师范大学校长陈垣先生的提议下改名为“中关村”。

图 9-10　中关村

94. 香山是因什么而得名？

香山（图 9-11）位于北京市海淀区香山街道西部，占地 1.88 平方千米，主峰香炉峰（俗称鬼见愁），海拔 571 米。香山一年四季分明，春天山花烂漫，夏日清爽宜人，深秋红叶飘丹，冬林银装素裹。特别是香山红叶，驰名中外，每到深秋时节漫山红遍，层林尽染，是京城最美的秋色。关于香山得名的说法主要有三个：

①在香山的最高峰有两块巨大的岩石，形如“香炉”，每逢阴雨天气，巨石上似喷云吐雾，从远处望去好似香烟缭绕、袅袅升空，故名“香炉山”，简称“香山”。

②据明代史料记载，古时的香山，满山遍野都长满了杏树，每到春天，杏花飘香十里，被称为“杏花山”。由于浓郁的花香，令游人流连忘返，因此得名“香山”。

③起源于佛教。在佛教传入中国时，多将建有佛教寺庙的高山称为“香山”。因1186年此地就有一座颇具规模的“大永安寺”，在1441年（明正统六年）由太监范宏出资扩建该寺，并奏请皇帝赐了“香山永安禅寺”之名，简称“香山寺”，故将该寺所依的高山称为“香山”。

图9-11　香山

95. 作为燕京八景之一的“卢沟晓月”的来历是什么？

卢沟桥（图9-12）位于丰台区宛平城街道中部，桥长266.5米，宽7.5米，是北京市现存最古老的石造联拱桥。永定河旧称卢沟河，卢沟桥因跨卢沟河上，故得名。早在13世纪，卢沟桥就闻名世界。意大利人马可·波罗在他的游记里，十分推崇这座桥，说它是“世界上独一无二的”，后来外国人都称它为“马可波罗桥”。卢沟桥是在金世宗统治的大定二十八年（1188年）决定修建的，不过当时尚未动工，金世宗就在第二年年初病逝了。卢沟桥始建于1189年6月，明昌三年（1192年）三月完工。桥两侧石雕护栏各有140条望柱，柱头上均雕有石狮，形态各异，据记载原有627个，现存501个。在古时，卢沟桥是南北交通的必经之路，两岸有很多旅舍驿馆，行人清晨起来，天色初曙，尚见疏星晓月，所以“卢沟晓月”被称为一大胜景，并被乾隆列为燕京八景之一，现有乾隆御制碑立在卢沟桥头。1937年7月7日，在卢沟桥发生的“卢沟桥事变”，又称“七七事变”，成为中国抗日战争全面爆发的起点。1961年卢沟桥和宛平县城被公布为第一批全国重点文物保护单位。1971年为保护卢沟桥减少其运输量而建立的卢沟新桥完工，但卢沟桥仍然继续承担交通运输任务。1986年卢沟桥历史文物修复委员会成立，工程拆除了1949年后铺设的柏油和1967年加宽的步道，恢复了古桥的原貌。

图 9-12　卢沟桥

96. 长辛店的来历是什么？

长辛店（图9-13）位于丰台区西南部，永定河西岸。在古时，长辛店是西南距京城最近的乡镇，也是西南进京的必经要道。关于长辛店地名来历有两种说法。一种说，明清时期沿卢沟桥桥东以南至现在的长辛店以北，酒肆林立、车水马龙。这里是京城官员出京和外埠官员进京及各地商人歇脚之地。因为这块地界多大的官都住过，所以店家几乎是天天清水泼街，总给人一种气象一新的感觉，俗称“客有常来，店要常新”，于是地名也被叫成了“常新店”，后来就被谐音为“长辛店”了。再有一说，长辛店由长店和新店两个小村落组成，随着南北交流逐渐连成一片，后衍化为“长辛店”，寓意商旅长途跋涉，一路艰辛之意。

图 9-13　长辛店

97. 畲㕭屯有什么来历?

畲㕭屯（图 9-14）位于昌平区马池口镇西北部，西邻太行山脉，北靠燕山，三河交汇，水源丰富，风景秀丽。“畲㕭”是称蒙古人的译音，读音为 hǎbā。据记载，畲㕭是指元朝时南方人对蒙古人的称呼。畲㕭屯来源于元朝。1279 年蒙古汗国灭宋，建元大都于北平。忽必烈在建元大都通往西北的交通要道上，利用此地依山傍水的优势，在此屯兵屯粮，人称畲㕭屯。元末明初，由于天灾，山东、山西、河北人陆续迁入此地定居，形成村落，称为畲㕭屯村。畲㕭屯是古代从塞外经八达岭、居庸关进京的必经之地和交通要塞，是距离京城一天路程的商道驿站，古道上往来的骆驼队、车马商队甚为壮观。畲㕭屯村有多处名胜古迹，如五帝庙、九圣庙、娘娘庙、木玲庵、北庵庙、土地庙等，修缮九圣庙的功德碑现仍保存完好。相传慈禧太后两到畲㕭屯，留下了后人相传的故事佳话。畲㕭屯留有明朝建十三陵时所建的窑址 72 座，并有高约 50 米、直径约 2 米的参天大杨树和近 200 年树龄的古槐树，古槐树至今根繁叶茂。2012 年春，奋奄屯村北又发掘出宋代修建的石砌水渠遗址一座，并保存完好。

图 9-14　奋奄屯

98. 被誉为“长城怀抱中的古镇”古北口镇有什么来历？

古北口镇（图 9-15）位于密云区东北部，有着中国长城史上最完整的长城体系——古北口长城，包括卧虎山、蟠龙山、金山岭和司马台 4 个城段，被誉为“长城怀抱中的古镇”。古北口地势险要，在山海关与居庸关中段，自古为京都锁钥重地。古北口山奇水丽，古迹名胜众多，是清帝王去东北祭祖、狩猎及巡视的必经之处，曾设驿道建营城，康熙帝曾在这避暑，乾隆帝曾在这阅兵。据说乾隆元年，乾隆帝前去热河途中经过古北口，感叹于长城内外的美景，便问刘墉此地为何名。刘墉如实回答：“春秋时叫北口，北魏时叫出峡，唐时叫虎北口。”乾隆帝心想：“我来来去去从此口过，怎能叫‘虎北口’！”于是派刘墉前去查找此地有什么古迹，终于在城南门门楣的城砖上找到“古关”二字，又在北门门楣的城砖上找到“北口”二字。乾隆帝便将此地改作“古北口”，流传至今。

图 9-15　古北口镇

99. 拒马河的名称有什么由来？

拒马河（图 9-16）位于北京市房山区西南部，起于河北省涞水县西北太行山麓，长约 61 千米。拒马河源自涞源，原名“涞水”。为什么改名“拒马”呢？原来有这样一个典故。东晋时，羯族人石勒进犯中原，一路烧杀掠抢，所到之处，尸骨如山，哀鸿遍野。晋将刘琨守在河南板城，与石勒交兵于涞水。石勒的先锋官兵至张坊，正值夏季，河水迎面拦住去路。先锋官命令士兵先探一下水的深浅，然后再驱动人马过河。不料，探水的马到了河里，没走几步就扑通一声栽倒了。接着，据守在对面板城刘琨的士兵立即射来密雨般的雕翎箭，探水的兵士连人带马都被射死在河里。就这样，下去几人死几人，下去几匹马死几匹马，其余人马站在河边瞅着河水，再也不敢下河了。后队人马赶到，聚集在河边，石勒传令讯问：“人马为何停止不前？”先锋官赶忙回报：“战马都不过河！”“打马过河！”石勒一声令下，但听马鞭噼噼啪啪乱抽，战马长嘶乱叫，仍是不敢过河。原来，刘琨事先在河中设置了铁链铁索，人马一下河就会被绊倒。此时，刘琨出城迎敌，城楼上士兵擂鼓助威。雕翎箭如飞蝗般射向河对面敌阵，石勒士兵被杀伤无数。面对河水咆哮，战鼓咚咚，石勒胆战心惊，心里也开始犯嘀咕：“难道此次发兵中原不合天意，而在此河拦挡于我？”先锋官在旁惊叹：“我这匹马多年随我驰骋疆场，跋涉过无数山川大河，从没这样胆怯过，不知此中有何蹊跷？”石勒见状，慌忙传令：“兵退八十，安营扎寨！”河水阻挡了石勒南进的兵马，河南岸人民免遭一次战乱之苦。从此，人们便把这条河改名为“拒马河”了。

图 9-16　拒马河

100. 双孝村有什么典故？

双孝村（图 9-17）位于房山区石楼镇北部，面积约 1.13 平方千米，人口约 810 人，与顾册村毗邻。双孝村的村名是如何得来的呢？相传村民高国栋与妻子王氏对高母非常孝敬，高母得病卧床多日不见好转，为了让老母亲的疾病早日治愈，夫妻二人四下寻访名医。因高母年事已高，要想治愈实属不易。万般无奈之际，高国栋只得到云居寺烧香求佛，并将实情告诉一位算命先生。算命先生听了高国栋诉说后，托词说：“若想治愈老母亲的疾病，非补以活人肉汤汁不可。”这本是算命先生故意虚造之言，暗示高母疾病已无法救治。然而高国栋不悟话中之意，不假思索即信以为真，真的从腿上剜下一块肉来，迅即熬成汤汁，喂食老母亲。知县闻其孝行，奏请匾额并捐俸立坊以旌表，遂更村名为“双孝村”。《北京市房山区地名志》对此略有记载。

图 9-17　双孝村

附录 1

国务院关于开展第二次全国地名普查的通知

国发〔2014〕3 号

各省、自治区、直辖市人民政府，国务院各部委、各直属机构：

为全面掌握地名基本信息，提高我国地名管理和服务水平，定于 2014 年 7 月至 2018 年 6 月开展第二次全国地名普查。现就有关问题通知如下：

一、目的和意义

地名普查的目的是查清地名基本情况，掌握地名基础数据，提高地名标准化水平，加强地名信息化服务建设，为社会提供全面准确的地名信息。

地名是基础地理信息，地名普查是一项公益性、基础性的国情调查。开展地名普查，有利于维护国家主权和领土完整、巩固国防建设，有利于经济社会协调发展，有利于社会交流交往、方便人民群众生产生活，对提高政府管理水平和公共服务能力具有重要意义。

二、范围和内容

普查范围：第二次全国地名普查试点区域以外的全国所有陆地国土（不含香港特别行政区、澳门特别行政区、台湾省）。

普查内容：查清地名及相关属性信息，对有地无名的有地名作用的地理实体进行命名，对不规范地名进行标准化处理，设置标准规范的地名标志，建立、完善各级国家地名和区划数据库，加强地名信息化服务建设，建立地名普查档案。

三、时间安排

此次地名普查从 2014 年 7 月 1 日开始，到 2018 年 6 月 30 日结束，分三个阶段实施。普查标准时点为 2014 年 12 月 31 日。

第一阶段，2014 年 7 月至 12 月，所有普查地区完成组织动员、成立机构、搜集资料、制定方案、人员培训等各项准备工作。

第二阶段，2015年1月至2017年6月，完成所有地区的普查和各级检查验收工作。各省、自治区、直辖市可结合实际统筹安排所辖相关县（市、区、旗）的普查和检查验收，既可同时开展，也可分期分批进行。具体计划由各省、自治区、直辖市第二次全国地名普查领导小组报国务院第二次全国地名普查领导小组批准后实施。

第三阶段，2017年7月至2018年6月，完成成果完善、上报、汇总工作，建立档案，开展普查成果转化利用。

四、组织实施

此次地名普查范围大、涉及面广、情况复杂、技术要求高，为加强领导、确保工作顺利开展，成立国务院第二次全国地名普查领导小组，负责制定统一的实施方案、工作规程和普查的组织实施，协调解决工作中的重大问题。领导小组办公室设在民政部，承担领导小组日常工作，负责全国地名普查工作的业务指导和督促检查。领导小组属于阶段性工作机制，不属于新设立的议事协调机构，任务完成后即撤销。

普查工作要按照“统一领导、分工协作、分级负责、共同参与”的原则组织实施。领导小组各成员单位要密切配合、通力协作，各司其职、各负其责，共同做好普查工作。普查涉及的县级以上地方各级人民政府要相应成立地名普查领导小组及其办公室，按照国务院第二次全国地名普查领导小组的规定和要求，负责组织本行政区域地名普查工作。

五、工作要求

各地区、各有关部门要充分认识、广泛宣传第二次全国地名普查的重要意义，加强组织领导，周密部署，统筹协调，确保普查任务顺利完成。普查工作人员要严守工作纪律，按照有关政策规定、工作规程和技术标准认真做好普查工作，确保普查数据真实可靠。

附录 2

第二次全国地名普查工作规程*

国地名普查组发〔2014〕3 号

第一章　总　　则

第一条　目的

为搞好第二次全国地名普查，确保各项工作顺利实施，根据《国务院关于开展第二次全国地名普查的通知》（国发〔2014〕3 号）、《第二次全国地名普查实施方案》（国地名普查组发〔2014〕1 号）、《第二次全国地名普查试点工作规程》（修订版）和《地名管理条例》等有关规定，制定本规程。

第二条　普查任务

第二次全国地名普查的任务是查清地名的属性信息和地理实体的相关信息，对有地无名的有地名作用的地理实体进行命名，对不规范地名进行标准化处理，设置标准规范的地名标志，建立、完善四级国家地名和区划数据库（即国家地名数据库），加强地名信息化服务建设，建立地名普查档案。

第三条　普查工作用图

第二次全国地名普查工作用图及地图数据，以 2000 国家大地坐标系 1∶5 万地形图和地形图矢量数据为基础工作用图。有条件的地区可使用大比例尺地图和遥感影像数据，成果数据必须导入国家地名和区划数据库。

第四条　地名代码编制

地名代码依据《国家地名数据库代码编制规则》（民地办发〔2010〕1 号）

* 由于篇幅所限，该规程中的附件不列出。

编制。

第五条 资料数据信息管理

普查中涉及的资料、数据和信息应分类管理，涉密资料、数据和信息的管理须按相关保密制度执行。

第二章 地名普查内容

第六条 地名分类

地名分类以《地名分类与类别代码编制规则》（GB/T 18521—2001）为基本依据，结合工作实际和现实需求，确定为海域，陆地水系，陆地地形，行政区域，群众自治组织，非行政区域，居民点，交通运输设施，水利、电力、通信设施，纪念地、旅游景点，建筑物，单位等 12 大类地名。海域类地名在试点工作中已普查，不再涉及，本次普查仅包括除海域类以外的 11 大类地名。

第七条 地名的属性信息

地名的属性信息包括：地名的标准名称及其别名、简称、曾用名；地名的书写形式，即地名的汉字书写和少数民族文字书写的形式；地名的读音，包括其原读音，以及其标准名称的汉语普通话读音并用罗马字母（汉语拼音字母）拼写表示；地名的语种，指标准名称所属的民族语言种类；地名的类别，指地名所指代的地理实体的类别；地理位置，指地名所指代的地理实体的地理坐标和相对位置；地名的来历、含义及历史沿革，指地名形成的历史背景，标准名称及别名、简称、曾用名的命名理据（文化内涵）及演变的历史过程；地名的密级，指地名所指代的地理实体的地理坐标等信息的保密级别。

第八条 地理实体的相关信息（地理实体概况）

地理实体的相关信息，是指地名所指代的地理实体的性质、特征及文化内涵等。

12．陆地水系类。

121.河流：长度（千米）、流域面积（平方千米）、主要支流、河流级别、河流类别（内流河/外流河，地上河/地下河，常年河/季节河）、主要水文站、径流量、所在（跨）行政区、其他信息（如揭示河流历史文脉和特色文化内涵的信息等）。

1211.河源：所在（跨）行政区、其他信息。

1212.峡谷：长度（千米）、宽度（千米）、走向、所属山系、起点名、止点名、河流名、所在（跨）行政区、其他信息。

1213.河滩：面积（平方千米）、所在（跨）行政区、其他信息。

1214.阶地：高度（米）、阶地级数、陡坎角度、所属河流、所在（跨）行政区、其他信息。

1215.河湾：所在河流、所在（跨）行政区、其他信息。

1216.河口：类型（滨海/滨湖/滨河）、所在（跨）行政区、其他信息。

1217.三角洲：类型（滨海/滨湖/滨河）、面积（平方千米）、海拔（米）、所在（跨）行政区、其他信息。

122.湖泊：类型（常年湖/时令湖，淡水湖/咸水湖）、面积（平方千米）、最大长度（千米）、最大宽度（千米）、平均水深（米）、最大水深（米）、主要水源、所在（跨）行政区、其他信息（如沿湖重要自然和人文地理实体及有独具特色的文化内涵等）。

123.陆地岛屿。

1231-1232-1233.洲、河岛，湖岛，矶：类型（基岩/冲洪积）、面积（平方千米）、近陆距离（千米）、相对高程（米）、植被覆盖率、所在（跨）行政区、其他信息〔如人口（人）、自然聚落、建筑物等〕。

124.冰川：面积（平方千米）、长度（千米）、宽度（千米）、冰层厚度（米）、海拔（米）、所属山系、所在（跨）行政区、其他信息。

125.瀑布：最大落差（米）、最大宽度（米）、流量（立方米/秒）、上游水源、所在（跨）行政区、其他信息（如景观特征、故事传说等）。

126.泉：类型（冷泉/热泉）、最高水位（米）、最低水位（米）、最大输出量（立方米）、日出水量（立方米）、涌水高度（米）、年均水温、所在（跨）行政区、其他信息（如景观特征、故事传说等）。

13．陆地地形类。

131-132.平原、盆地：面积（平方千米）、平均海拔（米）、四至、最大长度（千米）、最大宽度（千米）、气候类型、年均温度（摄氏度）、年降水量（毫米）、年无霜期（天）、所在（跨）行政区、其他信息（如土壤类型、区域经济特征等）。

133.高原：面积（平方千米）、最大长度（千米）、最大宽度（千米）、平均海拔（米）、四至、所属山脉、气候类型、年均温度（摄氏度）、年降水量（毫米）、年无霜期（天）、所在（跨）行政区、其他信息（如土壤类型、区域经济特征等）。

134.丘陵山地：面积（平方千米）、长度（米）、宽度（米）、平均海拔（米）、走向、所属山系、主峰名称、主峰海拔（米）、所在（跨）行政区、其他信息（如地质、地貌特征等）。

1341.山口、关隘：长度（米）、宽度（米）、海拔（米）、所属山脉、所在（跨）山峰、所在（跨）行政区、其他信息（如自然与人文景观，重要历史人物、事件及传说等文化内涵）。

1342.山谷、谷地：长度（米）、平均宽度（米）、相对高差（米）、走向、所在山脉、所在（跨）行政区、其他信息（如自然与人文景观，重要历史人物、事件及传说等文化内涵）。

1343.山坡：走向、所在山脉、所在（跨）行政区、其他信息（如自然与人文景观，重要历史人物、事件及传说等文化内涵）。

1344.山峰：海拔（米）、所在山脉、所在（跨）行政区、其他信息（如地质地貌，主要生物，自然与人文景观，重要历史人物、事件及传说等文化内涵）。

1345.山：长度（千米）、宽度（千米）、海拔（米）、所在（跨）行政区、其他信息（如地质地貌，主要生物，自然与人文景观，重要历史人物、事件及传说等文化内涵）。

1346.山体：长度（千米）、宽度（千米）、主峰海拔（米）、平均海拔（米）、走向、主峰名称、所在（跨）行政区、其他信息（如地质地貌，主要生物，自然与人文景观，重要历史人物、事件及传说等文化内涵）。

135.重要陆地景观。

1351.湿地（沼泽）：面积（平方千米）、长度（千米）、宽度（千米）、深度（米）、水源、气候类型、动植物种类、年均温度（摄氏度）、年均温差（摄氏度）、年降水量（毫米）、年无霜期（天）、所在（跨）行政区、其他信息。

1352.苔原：面积（平方千米）、长度（千米）、宽度（千米）、气候类型、植被种类、年均温度（摄氏度）、年均温差（摄氏度）、年降水量（毫米）、年无霜期（天）、所在（跨）行政区、其他信息。

1353.草原：面积（平方千米）、长度（千米）、宽度（千米）、主要植被类型、年均温度（摄氏度）、年均温差（摄氏度）、年降水量（毫米）、年无霜期（天）、所在（跨）行政区、其他信息。

1354.森林：面积（平方千米）、长度（千米）、宽度（千米）、植被类型、气候类型、年均温度（摄氏度）、年均温差（摄氏度）、年降水量（毫米）、年无霜期（天）、所在（跨）行政区、其他信息（如水源、建筑物等）。

1355.沙漠：面积（平方千米）、长度（千米）、宽度（千米）、气候类型、植被类型、年均温度（摄氏度）、年均温差（摄氏度）、年降水量（毫米）、年无霜期（天）、所在（跨）行政区、其他信息。

1356.戈壁：面积（平方千米）、长度（千米）、宽度（千米）、气候类型、年均温度（摄氏度）、年均温差（摄氏度）、年降水量（毫米）、年无霜期（天）、所在（跨）行政区、其他信息。

1357.绿洲：面积（平方千米）、长度（千米）、宽度（千米）、上游水源、气候类型、植被类型、年均温度（摄氏度）、年均温差（摄氏度）、年降水量（毫米）、年无霜期（天）、所在（跨）行政区、其他信息。

139.其他。

1391.洞穴：面积（平方米）、长度（米）、宽度（米）、高度（米）、海拔（米）、容量（立方米）、土岩类型、所在山峰、所在（跨）行政区、其他信息。

1392.天生桥：长度（米）、宽度（米）、高度（米）、海拔（米）、所在（跨）行政区、其他信息。

1393.台地：面积（平方千米）、最大长度（千米）、最大宽度（千米）、海拔（米）、四周山脉、四至、气候类型、年降水量（毫米）、年无霜期（天）、所在（跨）行政区、其他信息。

21．行政区域及其他区域类。

212-213-214-215.行政区域类（省级、地级、县级、乡级行政区）：行政区划单位（如省级可选省或自治区或直辖市）、行政级别（选择省级、地级、县级、乡级）、行政区划代码、政府驻地、政府网址、上一级行政区、下一级行政区、总面积（平方千米）、总人口（万人）、政区的历史沿革（始置时间和置、废、分、合及驻地迁徙、辖属变更等情况）、其他信息（如四至、毗邻的相关行政区，政府驻地人口、民族构成，气候类型，地貌特征、主要山峰、主要河流，主要工业、主要农业、主要矿产、主要土特产，主要交通干道，主要文教科体卫事业单位，名胜古迹和著名旅游景点，著名历史人物、主要历史事件等历史文化和民间传统文化内涵）。

对于历史悠久的政区实体应深入调查、考证、梳理其承载的地域文化内涵。

216.群众自治组织类。

2161-2162.村委会、社区居委会（居委会）：下级组织、辖区范围、长途电话区号、联系电话、邮政编码、面积（平方千米）、人口（人）、所在（跨）行政区、其他信息（如工业、农业、商业、主要驻区单位、名胜古迹等）。

217.非行政区域类。

2171.矿区：矿产类型、范围、驻地、设立时间、面积（平方千米）、人口（人）、所在（跨）行政区、产值（万元）、其他信息。

2172.农、林、牧、渔区：类型（农业区/林区/牧区/渔区）、范围、面积（平方千米）、人口（人）、年均气温（摄氏度）、年均降水量（毫米）、年无霜期（天）、主要产业、所在（跨）行政区、其他信息（如与之相连的主要道路和交通线等）。

2173.工业区、开发区：类型（工业区/开发区）、范围、面积（平方千米）、人口（万人）、主要产业、所在（跨）行政区、其他信息（如与之相连的主要道路和交通线等）。

2174.边贸区、口岸：类型（边贸区/口岸）、范围、面积（平方千米）、人口（万人）、主要商品、主要产业、所在（跨）行政区、其他信息（如与之相连的主要道路和交通线等）。

2175.军事区：对社会公开的名称及信息。

2176.地片：范围、所在（跨）行政区、其他信息。

2177.区片：范围、所在（跨）行政区、其他信息。

22．居民点类。

221-222-223-224.城镇居民点，农村居民点，工矿点，农、林、牧场点：类型（城镇/农村/工矿点/农、林、牧场）、长途电话区号、邮政编码、面积（平方千米）、人口（人）、所在（跨）行政区；民宅聚集区、居民小区等城镇居民点所临街巷与门牌号、邮编等组合地址信息，村落等农村居民点的聚落形态、传统民居及民俗等文化内涵；其他信息。

23．交通运输设施类。

231.水上运输。

2311.锚地：面积（平方米）、锚位（个）、所在水域、平均水深（米）、最大水深（米）、始建时间、建成时间、所在（跨）行政区、其他信息。

2313.河港：类型（河港/湖港）、泊位（个）、年客运量（万人）、年货运量（万吨）、岸线长（米）、所在水域、平均水深（米）、最大水深（米）、始建时间、建成时间、所在（跨）行政区、其他信息（如与之相连的主要道路和交通线等）。

2314.船闸、升船机站：类型（单级/多级）、所在水域、平均水深（米）、最大水深（米）、始建时间、建成时间、所在（跨）行政区、其他信息。

2315.渡口：年客运量（万人）、渡程长度（米）、平均水深（米）、最大水深（米）、所在（跨）行政区、其他信息（如与之相连的主要道路和交通线等）。

232.公路运输。

2321.公路：类型（国道/省道/县道/乡道/专用）、等级（高速/一级/二级/三级/四级以下）、起点、止点、长度（千米）、宽度（米）、路面性质、沿途重要地理实体、始建时间、建成时间、途经行政区、其他信息。

2322.长途汽车站：年客运量（万人）、年货运量（万吨）、占地面积（平方米）、始建时间、建成时间、所在（跨）行政区、其他信息（如与之相连的主要道路和交通线等）。

2323.收费站：所在道路、始建时间、建成时间、所在（跨）行政区、其他信息。

233.铁路运输。

2331.铁路：类型（单线/复线，普通线路/客运专线）、起点、止点、主要车站、长度（千米）、始建时间、建成时间、途经行政区、其他信息。

2332.火车站：类型（客运/货运/客货混合运）、年客运量（万人）、年货运量（万吨）、占地面积（平方米）、始建时间、建成时间、所在（跨）行政区、其他信息（如与之相连的主要道路和交通线等）。

2333.道口：所在线路、始建时间、建成时间、所在（跨）行政区、其他信息（如与所在铁路相交叉的道路等）。

234.航空与管道运输。

2341.航空港：类型（国际/国内）、年客运量（万人）、年货运量（万吨）、占地面积（平方千米）、停机坪面积（平方千米）、始建时间、建成时间、所在（跨）行政区、其他信息（如与之相连的主要道路和交通线等）。

2342.管道：运输物质、起点、止点、长度（千米）、年运输量（万吨/万立方米）、始建时间、建成时间、所在（跨）行政区、其他信息。

2343.管站：所在管道、始建时间、建成时间、所在（跨）行政区、其他信息。

235.城镇交通运输。

2351.道路、街巷：起点、止点、长度（米）、宽度（米）、路面性质、道路等级（快速路/主干道/次干道/支路）、门牌号范围、沿途重要地理实体、始建时间、建成时间、所在（跨）行政区、其他信息（如一些古老街巷的传统文化内涵等）。

2352.有轨交通线路：起点、止点、长度（千米）、始建时间、建成时间、所在（跨）行政区、其他信息。

2353.公共交通车站：建筑面积（平方米）、主要运营线（条）、始建时间、建成时间、所在（跨）行政区、其他信息（如与之相连的主要道路和交通线等）。

2354.停车场：占地面积（平方米）、泊位数（个）、始建时间、建成时间、所在（跨）行政区、其他信息（如与之相连的主要道路和交通线等）。

236.交通运输附属设施。

2361.桥梁：类型（铁路/公路/人行/其他）、所在线路、所跨河流（道路等）、最大载重量（吨）、长度（米）、宽度（米）、高度（米）、最大跨度（米）、始建时间、建成时间、所在（跨）行政区、其他信息。

2362.隧道：类型（铁路/公路/地下通道/其他）、长度（米）、宽度（米）、高度（米）、所在山峰（河流、湖泊等）、始建时间、建成时间、所在（跨）行政区、其他信息。

2363.道班：所在线路、始建时间、建成时间、所在（跨）行政区、其他信息。

2364.检查站：所在线路、占地面积（平方米）、始建时间、建成时间、所在（跨）行政区、其他信息。

2365.环岛、路口：类型（环岛/路口）、所在线路、占地面积（平方米）、始建时间、建成时间、所在（跨）行政区、其他信息。

2366.加油站：所在线路、占地面积（平方米）、始建时间、建成时间、所在（跨）行政区、其他信息。

2367.灯塔、导航台：所在航道、高度（米）、占地面积（平方米）、始建时间、建成时间、所在（跨）行政区、其他信息。

239.其他。

2391.索道、扶梯：起点、止点、长度（米）、始建时间、建成时间、所在（跨）行政区、其他信息。

24.水利、电力、通信设施类。

241.井：深度（米）、水质、所在（跨）行政区、其他信息〔如最高水位（米）、最低水位（米）、最大输出量（米/秒）、口出水量（立方米）、涌水高度（米）、年均水温（摄氏度）等〕。

242.蓄水区。

2421-2422.池塘、海塘：面积（平方千米）、长度（米）、宽度（米）、水深（米）、所在（跨）行政区、其他信息。

2423.水库：面积（平方千米）、长度（千米）、宽度（千米）、平均水深（米）、总库容（万立方米）、主要水源、始建时间、建成时间、所在（跨）行政区、其他信息。

2424-2425.蓄洪区、泄洪区：面积（平方千米）、蓄（泻）洪量（万立方米）、蓄洪水位（米）、主要水源、所在（跨）行政区、其他信息。

2426.灌区：面积（平方千米）、所在（跨）行政区、其他信息。

243.排灌设施。

2431.灌溉渠：起点、止点、平均流量（立方米/秒）、最大水深（米）、始建时间、建成时间、途经行政区、其他信息。

2432.排水沟：起点、止点、最大水深（米）、始建时间、建成时间、途经行政区、其他信息。

2433.渡槽：长度（米）、宽度（米）、始建时间、建成时间、所在（跨）行政区、其他信息。

2434.泵站：所在线路、始建时间、建成时间、所在（跨）行政区、其他信息。

2435.涵洞：宽度（米）、高度（米）、所在位置、始建时间、建成时间、所在（跨）行政区、其他信息。

244.堤堰。

2442-2443-2444-2445.河堤、湖堤、闸坝、拦河坝：所在位置、长度（米）、顶宽（米）、高度（米）、始建时间、建成时间、所在（跨）行政区、其他信息。

245.运河：长度（千米）、起点、止点、始建时间、建成时间、所在（跨）行政区、其他信息（如沿途自然与人文景观，历史人物、事件及传说等文化内涵）。

246.电力设施。

2462.发电站：类型（火力/水力/风力/核/太阳能）、总装机容量（千瓦）、日发电量（万度）、年发电量（万度）、始建时间、建成时间、所在（跨）

行政区、其他信息。

2463.输变电站：输入容量（千瓦）、输出容量（千瓦）、始建时间、建成时间、所在（跨）行政区、其他信息。

247.通信设施。

2472.通信基站：发射功率（瓦）、基站天线高度、始建时间、建成时间、所在（跨）行政区、其他信息。

25．纪念地、旅游景点类。

251.纪念地、遗址。

2511-2512.人物纪念地、事件纪念地：占地面积（平方米）、管理单位、联系地址、联系电话、人物或事件、保护级别、所在（跨）行政区、其他信息（如主要建筑物、主要景点、与之相连的主要道路和交通线等）。

2513.宗教纪念地：占地面积（平方米）、管理单位、联系地址、联系电话、宗教文化内涵、保护级别、所在（跨）行政区、其他信息（如重要人物、事件、传说等）。

252-253.公园、风景区：占地面积（平方千米）、管理单位、联系地址、联系电话、主要景点、所在（跨）行政区、其他信息（如景观特色及相关文化内涵）。

254.自然保护区：级别、保护对象、占地面积（平方千米）、管理单位、联系地址、联系电话、主要景点、建立时间、所在（跨）行政区、其他信息（如与之相连的主要道路和交通线等）。

26．建筑物类。

261.房屋：地址、占地面积（平方米）、建筑面积（平方米）、主体层数（层）、主体高度（米）、联系电话、邮政编码、建成时间、其他信息（如产权单位、管理单位、使用单位、特殊意义等）。

262.亭、台、碑、塔。

2621-2622-2623-2624.亭、台、碑、塔：所在位置（地址）、建成时间、主体层数（层）、主体高度（米）、建筑结构、其他信息（如建筑特征、特殊意义等）。

263.场。

2631-2632.广场、体育场：所在位置（地址）、占地面积（平方米）、建成时间、其他信息（如产权单位、管理单位、特殊意义、与之相连的主要道路或交通线等）。

264.城堡、墙。

2641-2642.城堡、墙：所在位置（地址）、占地面积（平方米）、建筑面积（平方米）、主体高度（米）、建成时间、其他信息（如管理单位、建筑风貌、历史文化内涵等）。

27. 单位类。

271-272-273-274-275.党政机关、民间组织、事业单位、企业、军事单位：地址、所属行业、联系电话、邮政编码、业务范围、单位网址、其他信息。

第三章　地名普查基本流程

第九条　收集资料

搜集整理地名及相关资料。包括历年地名命名更名文件和资料、地名志、地名录、地名词典、地图、地方志、文史资料及有关古籍等；党政机关和各专业部门相关普查资料与数据；基础地理数据与遥感影像数据等；特别是要充分利用第一次全国地名普查以及地名补查与资料更新的成果。

第十条　编写地名调查目录

以工作图图载地名信息为基础，结合收集到的相关地图、资料，编写地名调查目录，标注所收集信息资料的来源和出处，并造册登记。

第十一条　预填地名登记表

根据地名调查目录，整理、查阅和考证相关资料，预填地名登记表。地名登记表可在国家地名和区划数据库中按地名分类打印或按普查内容印制。

第十二条　地名调查方式

根据地区情况，采取政府部门协作分类调取资料，发放调查表，分片调查收集，召集当地群众座谈，走访知情人，现场踏勘等方式进行调查。

第十三条　实地核实采集地名信息，标注工作草图

根据地名调查目录、地名登记表、工作图到实地对照、核实、采集地名信息，标注工作草图。

第十四条　整理地名登记表

根据外业调查核实采集的信息，进行资料的梳理、考证、核定等内业工作，并对地名登记表进行整理、修改和完善。

对暂不能到实地调查的地名，应进行室内资料收集整理，进一步核实、充实地名登记表。

第十五条　地理实体及地名标志位置测量

地理实体、地名标志的地理坐标，在普查工作用图上能准确判定位置的，可采用图解法确定坐标。在普查工作用图上不能准确判定位置的，应到实地测量。

图解法测量，首先在普查工作用图上确定地理实体或地名标志的点位，然后量取该点位的地理坐标，图解坐标精度表示到秒。

实地测量，首先在实地确定点位，再采用适合的卫星导航系统确定地理坐标，在保证位置相对准确的前提下，测量误差小于 20 米。

地理坐标的测量要求见附件 1。

第十六条　地名语音采集

标准地名的发音，应制作语音文件存入国家地名和区划数据库。语音文件可采用合成音或人工发音两种形式。合成音可由国家地名和区划数据库自动报读，报读与实际发音不一致的（如多音字、生僻字等），应录制人工发音文件。

少数民族语地名的原生读音、地方的地名专用字和方言读音，应在实地录制，确保清晰准确，制作语言文件存入国家地名和区划数据库。

第十七条　数据整理与入库

在计算机上对实地采集的文字、照片、录像、录音等进行检查、整理、编撰，并导入国家地名和区划数据库。

第十八条　历史地名普查

对第一次全国地名普查之后产生的历史地名要进行普查，并填写地名登记表，录入国家地名和区划数据库。

第四章　地名在地图上的标注

第十九条　地名所指代的地理实体在地图上的定位及符号类型

地名所指代的地理实体在地图上的定位点分为几何中心、中心线、最高点和驻地位置等，符号类型包括点状和线状。

各类地理实体在地图上的定位点及符号类型见附件1。

第二十条　工作图地名标注

普查工作图上所有地名都要使用0.3毫米以下红、蓝两色中性碳素笔进行标注，地名注记的修改、增删一律使用红笔标注，其他用蓝笔标注。文字注记要字体正规、字迹清晰、用字规范、位置准确、图面整洁。

第二十一条　工作图地名位置符号的标绘

工作图上用直径3毫米的“⊙”符号表示地名所指代的地理实体在图上的位置，圆圈内的中心点为定位点。红色符号代表实测坐标点位，符号位置在工作图上为示意性表示，在国家地名和区划数据库矢量图上根据实测坐标准确表示点位。蓝色符号代表图解坐标点位，符号位置在工作图上表示为准确点位，在国家地名和区划数据库矢量图上根据工作图标绘的点位量取坐标。

第二十二条　工作图标绘整饰

工作图上地理实体名称及其位置没有变化的，用蓝色笔在地名注记文字下画横线。

实地有名而工作图上没有标注的，用红色笔将地名标注在工作图定位点适当位置，如图上标注不开，可采用编号代替，并在图外采用相应编号注明。

工作图上有地名而实地没有的，用红色笔圈上此地名，并在圈内画45度斜线。

工作图上的地名与实地地名不符的，用红色笔圈上图中的地名，圈旁标注确定的标准地名。

第二十三条　地理实体的修测

对新增或变化的与地名有关的重要地理实体，要在国家地名和区划数据库矢量图上进行修测，可通过大比例尺遥感影像、地形图进行图解或实地测量，确定地理实体的起止点和拐点并在工作图上用红色直线示意性表示，同时标注地名名称，再根据相应图式符号和标准地名注记标绘到矢量图上。

在保证位置相对准确的前提下，测量与标注误差小于 20 米。

第二十四条　矢量图及成果图上表示的地名

（一）将录入国家地名和区划数据库的 11 大类地名的标准名称，标绘在矢量图上。

（二）根据图面承载情况，将 11 大类地名每类中的重要地名标注在普查成果图上，其他的地名尽量标注。未在普查成果图上标注的地名，也要填写地名成果表。

第二十五条　地名在矢量图上文字注记的位置

地名在矢量图上注记的位置，点状地理实体的地名按定位点的右、上、左、下顺序选位注记，线状地理实体的地名按地理实体走向散列式注记，面状地理实体的地名在范围内或中心处注记。注记不能压盖地名位置图式符号。

地名注记的字体、位置、颜色、样式见附件 2。

第二十六条　绘制地名普查成果图

根据地名普查工作图和地理实体坐标，利用国家地名和区划数据库中的标注工具，将现今地名和相应的图式符号标绘在数据库矢量图上，对矢量图进行图外整饰，制作成地名普查成果图，签字、盖章。

图外整饰内容包括：图例、成果图名称、标绘者、检查者、验收者、时间、密级、编号、单位、单位负责人等。

第二次全国地名普查成果图绘制格式见附件 2。

第五章　地名标准化处理

第二十七条　地名审定

对普查入库的地名，要结合历史资料、现势资料，核对、分析、论证外业调查成果，依照地名管理有关法规、规定，进行审定。

第二十八条　跨省地名审定

跨省级行政区域界线地理实体名称，相关省（自治区、直辖市）表述不一致时，要充分协商确定。协商不一致的，报国务院地名普查领导小组核定标准名称，并按国家地名管理有关法规中规定的审批权限和程序办理。

第二十九条　地名的命名、更名

对有地无名且有地名作用的地理实体进行命名，对一地多名、一名多写或在一定范围内重名的地理实体须确定一个标准名称。对罔顾传统、刻意崇洋的外来语地名和用英文译写通名的地名等不规范的地名，要予以更名和纠正。地名命名、更名的原则、审批权限和程序，根据国家地名管理有关法规办理。

第三十条　地名罗马字母拼写

中国地名的罗马字母拼写，以国家公布的《汉语拼音方案》作为统一规范。汉语地名按 1984 年中国地名委员会、中国文字改革委员会、国家测绘局联合颁布的《中国地名汉语拼音字母拼写规则（汉语地名部分）》拼写；蒙、维、藏语地名以及惯用蒙、维、藏语书写的少数民族语地名，按国家测绘总局、中国文字改革委员会联合修订的《少数民族语地名汉语拼音字母音译转写法》拼写；其他少数民族语地名，原则上以汉译名称按《中国地名汉语拼音字母拼写规则（汉语地名部分）》拼写。

第三十一条　少数民族语地名译写

少数民族语地名，在各自民族语言、文字的基础上，按其标准（通用）语音，依据汉语普通话读音进行汉字译写，对约定俗成的汉字译名，一般不更改；多民族聚居区的地名，如不同民族有不同的称谓并无惯用汉语名称时，经当地地名管理部门征得有关少数民族的意见后，选择当地适用范围较广的某一种语种称谓进行汉字译写；少数民族语地名的汉字译写，应尽可能采用常用字，避免使用多音、贬义和容易产生歧义的字词。

第三十二条　地名审音定字

对带有区域性或有特殊文化含义的地名专用字和地名专读音，说明来历、含义及读音缘由，按照现行的有关规定，进行审音定字。

第六章　地名标志设置

第三十三条　地名标志标准

地名标志按照《地名　标志》（GB 17733—2008）国家标准和《地名标志管理试行办法》（民地标〔2006〕1 号）设置。

第三十四条　设置更新地名标志

根据实际需要，对重要地理实体增设地名标志。对原设地名标志区域进行查漏补缺，更新已损坏的地名标志。

第三十五条　地名标志普查登记

新设置的地名标志以及此次地名普查前独立设置的、目前仍使用的地名标志均要测量标志位置，实地拍摄标志照片，填写地名标志登记表，将数据录入国家地名和区划数据库。

地名标志登记表主要内容：标志代码、标准名称、罗马字母拼写、民族文字、所在（跨）行政区、标志位置、设置单位、设置时间、生产厂家、材质、规格、标志照片文件名和标志照片等。标志代码指地名标志在国家地名和区划数据库中的代码，由地名代码加 2 位数字组成，2 位数字表示同一个地名设置的标志的个数，从 01 至 99 顺序排列。标志照片文件名指设置的地名标志实地照片的文件名称，文件格式为 JPG，文件名由该标志的标准地名加 2 位数字组成，2 位数字表示标志照片的顺序，如灵山 01。

第二次全国地名普查地名标志登记表样式见附件 3。

第七章　地名普查表格填写

第三十六条　地名普查表格

普查的地名，包括地图上增加的地名、删去的地名和更改的地名，县级地名普查办应按照本规程要求，填写第二次全国地名普查地名目录、第二次全国地名普查地名成果表、第二次全国地名普查地名标志登记表、第二次全国地名普查地名用字读音审定申报表、第二次全国地名普查地名标准化处理统计表等表格。

第三十七条　地名成果表

第二次全国地名普查地名成果表在国家地名和区划数据库系统中自动生成，以县级政区为单位，按地名分类（11大类）分别打印，装订成册，签字、盖章。

第二次全国地名普查地名成果表样式见附件4。

（一）地名代码，是地名的唯一识别码，根据《国家地名数据库代码编制规则》编制。

（二）类别名称，按照地名所指代的地理实体的地理属性分类，为《地名分类与类别代码编制规则》（GB/T 18521—2001）中“地名地理属性类别代码”中的类别名称。

（三）标准地名，指使用规范的语言文字书写，并经过官方认可的地名全称。

（四）罗马字母拼写，指地名的汉语拼音字母书写。

（五）民族文字，指少数民族语地名的民族文字书写。

（六）所在（跨）行政区，指地名所指代的地理实体所位于（跨）的行政区。

（七）简称，指经过官方认可或约定俗成的地名的简单称谓。

（八）别名，指某一地理实体标准地名及其简称以外的其他现行名称。

（九）地理位置，指地理实体的地理坐标（经纬度）。地理坐标填写要求见附件1。

（十）语种，指地名的语言种类，如汉语、藏语、蒙古语等，表中只填少数民族语种。

（十一）地理实体概况，概述地理实体的相关信息。

（十二）地名的来历、含义及历史沿革，包括标准名称及其别名、曾用名、简称等名称的来历、含义及历史沿革。地名的历史沿革要追根溯源，详细考证。

（十三）资料来源，指地名的来历、含义及历史沿革和地理实体概况等信息资料的来源和出处。

（十四）多媒体信息，指普查期间采集的照片、图片、录音、录像等资料。

（十五）备注，指对一些在上述栏目中无法填注又必须加以说明的问题，在备注一栏中填注。

第三十八条　地名目录

汇总资料时应填写第二次全国地名普查地名目录，内容包括：序号、地名代码、标准地名、类别名称等。

地名目录在国家地名和区划数据库系统中自动生成，以县级政区为单位，按地名分类（11 大类）分别打印，装订成册，签字、盖章。

第二次全国地名普查地名目录样式见附件 5。

第三十九条　地名标志登记表

地名标志登记表在国家地名和区划数据库系统中自动生成，以县级政区为单位，按地名分类（11 大类）分别打印，装订成册，签字、盖章。

第二次全国地名普查地名标志登记表样式见附件 3。

第四十条　地名用字读音审定申报表

通过地名外业调查和查考有关资料，对存在的未经国家审定的地名专用字和地名专读音，应进一步理清其形成的来源及缘由，确需沿用的，填写第二次全国地名普查地名用字读音审定申报表，按现行有关规定办理。

第二次全国地名普查地名用字读音审定申报表样式见附件 6。

第四十一条　地名标准化处理统计表

汇总资料时应填写第二次全国地名普查地名标准化处理统计表，内容包括：序号、地名代码、类别名称、标准地名、罗马字母拼写、所在（跨）行政区、原用名称、原罗马字母拼写、批准时间、备注等。以县级政区为单位，按地名分类（11 大类）分别打印，装订成册，签字、盖章。

第二次全国地名普查地名标准化处理统计表样式见附件 7。

第八章　数据库建设

第四十二条　建立数据库

国家、省、市、县统一使用国家地名和区划数据库管理系统，建立本级国家地名和区划数据库。

第四十三条　行政区域界线标绘

县级行政区域界线和已勘定的乡级行政区域界线，标绘到国家地名和区划数据库 1∶5 万矢量图上。

第四十四条　地名信息录入

依据地名登记表等资料及时将地名信息录入国家地名和区划数据库，并进行编辑。

第四十五条　地名的修改、整饰

对照工作图，对有变化的地名，在国家地名和区划数据库图形数据中进行标绘和修改。

（一）删除不存在的地名。

（二）对变化的地名进行位置、名称、属性的修改。

（三）通过“地名信息”中图库匹配的功能，逐个检索标准地名，添加新增地名。利用图上标注或输入地名经纬度对其具体位置进行标注。

（四）对相互叠加的注记进行方位或显示级别的调整。

第四十六条　图形数据与属性数据匹配

（一）通过“地名信息”中图库匹配的功能逐项、逐个检查地名是否建立连接关系。

（二）对于没有建立连接关系的地名逐个进行匹配，具体如下：

1.通过自动匹配使图上名称与属性名称完全相同的地理实体自动建立连接关系；

2.通过地名的关键字检索、定位查询进行地理实体的半自动匹配；

3.通过遥感影像、大比例尺地图等其他方式进行匹配。

第四十七条　多媒体数据的处理和存储

将普查工作形成的有关文件、资料等进行数据处理，形成扫描数据，导入国家地名和区划数据库。将地名标志照片、普查中产生的音像等数据按标准处理后，导入国家地名和区划数据库。

第九章　普查验收与成果上报

第四十八条　验收的组织

地名普查验收由国务院地名普查办负责组织，各省级地名普查办负责本行政区域验收工作的具体实施。

第四十九条　验收内容

验收内容包括组织实施和普查成果两个方面。

（一）组织实施：

1.地名普查领导小组组成人员名单、地名普查领导小组办公室成员名单；

2.地名普查工作计划和具体实施方案；

3.会议文件、领导讲话、纪要、座谈会记录等文字材料；

4.培训方案、教材、课件等文字或电子材料；

5.经费使用详细情况；

6.保密制度与保密措施；

7.搜集的各种地名相关史料；

8.普查工作图；

9.设置地名标志时形成的各种资料；

10.地理实体命名、更名和地名用字读音审定等材料；

11.地名普查过程中形成的各种音像资料；

12.地名普查检查验收报告；

13.其他有关资料。

（二）普查成果：

1.国家地名和区划数据库数据；

2.第二次全国地名普查地名目录；

3.第二次全国地名普查地名成果表；

4.第二次全国地名普查成果图；

5.第二次全国地名普查地名标志登记表；

6.第二次全国地名普查地名用字读音审定申报表；

7.第二次全国地名普查地名标准化处理统计表；

8.地名普查工作总结。

第五十条　普查成果质量要求

（一）各项普查成果内容完整准确。

（二）图、表、数据库上的名称、位置与实地一致。

（三）地名目录、地名成果表、地名标志登记表、地名用字读音审定申报表、地名标准化处理统计表填写齐全、准确，文字简练、精准。

（四）地名标准化处理合乎规范，没有遗漏。

（五）地名成果图，用字规范、标注清晰，位置和图式符号准确，标注内容准确完整。

（六）地名标志设置位置正确，书写规范、内容符合国家标准要求。

（七）地名来历、含义及历史沿革考证翔实、准确，资料来源明晰、可靠。

（八）地名的专用字、专读音的来源及缘由考证翔实、准确。

（九）地名命名、更名程序规范，手续完备。

（十）调查的项目、记录、录音、照片和表格填写等内容完备无缺。

（十一）普查成果数据录入国家地名和区划数据库，其中属性库和图形库实现逐一匹配，建立了本级国家地名和区划数据库。

上述各项不合格的，要重新调查补充、修订。合格后，由调查人和审核人共同签字、盖章。

第五十一条　验收程序

县级地名普查办先行自查，根据自查情况改进后报地级地名普查办进行核查；地级地名普查办根据核查情况进一步完善后报省级地名普查办验收；省级地名普查办验收后，报国务院地名普查办抽查复验及全面审核；国务院地名普查办审核合格后，结合工作总体情况，出具关于各省（自治区、直辖市）第二次全国地名普查的意见。

第五十二条　成果上报

普查成果经国务院地名普查办审核通过后，由省级地名普查办组织汇总，上报国务院地名普查办。上报资料包括：

（一）国家地名和区划数据库数据。

（二）第二次全国地名普查地名目录。

（三）第二次全国地名普查地名成果表。

（四）第二次全国地名普查成果图。

（五）第二次全国地名普查地名标志登记表（数据库中的电子文档）。

（六）第二次全国地名普查地名用字读音审定申报表。

（七）第二次全国地名普查地名标准化处理统计表。

（八）地名普查工作总结。

第五十三条　普查文件资料及成果的立卷归档

普查成果经国务院地名普查办审核通过后，按民政部和国家档案局联合印发的《地名档案管理办法》、第二次全国地名普查档案管理的有关规定等文件要求，做好地名普查的立卷归档工作。

立卷归档的主要内容：

（一）地名普查领导小组组成人员名单，地名普查领导小组办公室成员名单。

（二）地名普查工作计划和具体实施方案。

（三）搜集的各种地名相关史料。

（四）地名普查工作图。

（五）领导讲话、会议材料、会议文件、纪要、座谈会记录等文字材料。

（六）培训方案、教材、课件等文字或电子材料。

（七）经费使用详细情况。

（八）保密制度与保密措施。

（九）设置地名标志时形成的各种资料。

（十）地理实体命名、更名和地名用字读音审定等材料。

（十一）国家地名和区划数据库数据。

（十二）第二次全国地名普查地名目录。

（十三）第二次全国地名普查地名成果表。

（十四）第二次全国地名普查成果图。

（十五）第二次全国地名普查地名标志登记表（电子文档）。

（十六）第二次全国地名普查地名用字读音审定申报表。

（十七）第二次全国地名普查地名标准化处理统计表。

（十八）地名普查检查验收报告。

（十九）地名普查过程中形成的各种音像资料。

（二十）地名普查工作总结。

（二十一）其他资料。

第十章　附　　则

第五十四条

各省（自治区、直辖市）可依据本规程制定本省（自治区、直辖市）第二次全国地名普查工作规程实施细则，并报国务院地名普查办备案。

第五十五条

本规程由国务院地名普查办负责解释。

附录 3

第二次全国地名普查实施方案*

国地名普查组发〔2014〕1号

为做好第二次全国地名普查工作，根据《国务院关于开展第二次全国地名普查的通知》（国发〔2014〕3号）精神，制定本方案。

一、目标任务

查清地名基本情况，对有地无名的有地名作用的地理实体进行命名，对不规范地名进行标准化处理，设置标准规范的地名标志，建立、完善各级国家地名和区划数据库（即国家地名数据库），加强地名信息化服务建设，发挥地名在促进经济社会协调发展、方便人民群众生产生活、加强国防建设和维护国家主权与领土完整等方面的基础作用。

（一）调查地名基本情况。包括行政区域，非行政区域，群众自治组织，居民点，交通运输设施，水利、电力、通信设施，纪念地、旅游景点，建筑物，单位，陆地水系，陆地地形等11大类地名的名称、位置及相关属性信息。

（二）规范地理实体名称。根据国家地名管理的有关法规，对有地无名的有地名作用的地理实体进行命名；对不规范地名进行标准化处理，切实解决地名上存在的一地多名、地名重名，地名命名罔顾传统、刻意崇洋、虚张声势、名不副实，地名译写不准确、用字不规范、含义不健康等问题。

（三）设置地名标志。根据实际需要，依据国家有关标准设置地名标志。

（四）开发、应用普查成果。利用地名普查成果，编纂出版地名图、录、典、志等出版物，建立、完善各级国家地名和区划数据库，开展地名信息

---

* 由于篇幅所限，该方案中的附件不列出。

化服务，开发研制地名信息化服务产品。

（五）建立地名普查档案，实现地名普查档案的数字化管理。

二、普查范围

第二次全国地名普查试点区域以外的全国所有陆地国土（不含香港特别行政区、澳门特别行政区、台湾省）。

三、组织实施

第二次全国地名普查工作由国务院第二次全国地名普查领导小组（简称国务院地名普查领导小组）组织实施。领导小组办公室（简称国务院地名普查办）设在民政部，承担领导小组日常工作，负责全国地名普查工作的业务指导宣传和督促检查验收。

此次地名普查以县级政区为单位进行。普查涉及的县级以上地方各级人民政府相应成立普查领导小组及其办公室，标准名称为××省（自治区、市、县、区）第二次全国地名普查领导小组（简称××省、自治区、市、县、区地名普查领导小组）及办公室（简称××省、自治区、市、县、区地名普查办），办公室设在地名主管部门，按照国务院地名普查领导小组的统一部署，负责组织实施本行政区域内的地名普查工作。

四、职责分工

国务院地名普查领导小组职责：

（一）制定第二次全国地名普查的有关方针、政策和保障措施。

（二）组织部署第二次全国地名普查工作。

（三）协调解决普查中的重大问题。

（四）审议重要地名命名更名事项。

（五）审定第二次全国地名普查成果。

（六）承办国务院交办的有关工作。

国务院地名普查办职责：

（一）拟定第二次全国地名普查实施方案。

（二）制定第二次全国地名普查技术规范。

（三）负责组织第二次全国地名普查宣传。

（四）负责领导小组成员单位的联系协调。

（五）负责地名普查的会议组织、业务培训、检查指导验收。

（六）负责组织地名普查成果上报和建档工作。

（七）负责指导建立、完善各级地名普查数据库。

（八）负责组织编纂普查地区标准地名图、录、典、志等。

（九）负责组织地名普查信息综合应用服务。

（十）承担领导小组交办的其他工作。

国务院地名普查领导小组成员单位职责：

领导小组各成员单位要做好地名普查的协助和配合工作，指导和督促地方各级人民政府相关部门做好地名普查所需专题资料的整理及提供工作，并确保信息和数据的有效性和现势性（国务院第二次全国地名普查领导小组成员单位职责详见附件）。

五、时间安排

此次地名普查从 2014 年 7 月 1 日开始，到 2018 年 6 月 30 日结束，分三个阶段实施。普查标准时点为 2014 年 12 月 31 日。

第一阶段，2014 年 7 月至 12 月，所有普查地区完成组织动员、成立机构、搜集资料、制定方案、人员培训等各项准备工作。

第二阶段，2015 年 1 月至 2017 年 6 月，完成所有地区的普查和各级检查验收工作。各省（自治区、直辖市）可结合实际统筹安排所辖相关县（市、区）的普查和检查验收，既可同时开展，也可分期分批进行。具体计划由各省（自治区、直辖市）地名普查领导小组报国务院地名普查领导小组批准后实施。

第三阶段，2017 年 7 月至 2018 年 6 月，完成成果完善、上报、汇总工作，建立档案，开展普查成果开发应用和总结表彰。

六、方法步骤

（一）制定方案。地方各级地名普查领导小组要根据国务院地名普查领导小组的统一部署，结合本地实际，科学制定地名普查实施方案，报上级地名普查领导小组审批。

（二）培训人员。民政部负责省（自治区、直辖市）地名普查领导小组办公室（简称省级地名普查办）成员的培训工作。省（自治区、直辖市）

地名主管部门负责地（市、州、盟）及县（市、区）地名普查人员的培训工作。

（三）收集资料。全面搜集与地名相关的历史沿革、名称由来以及相关属性信息资料，包括图、录、典、志等，对资料进行整理、甄别、论证和审定。

（四）实地踏勘。实地调查地名现状，查清地名的名称、位置及相关属性信息。

（五）标准化处理地名。根据国家地名管理的有关法规，按照地名命名、更名的审批权限和程序，对有地无名的有地名作用的地理实体进行命名，对普查的地名进行审定和标准化处理。

（六）设置地名标志。依据国家有关标准，设置地名标志。

（七）建立数据库。将地名文字和图形信息及多媒体数据录入国家地名和区划数据库。根据普查成果和工作图，修改矢量地图上的地名注记和变化的地物。

（八）制作成果。

1.填写各类普查成果表；

2.标绘地名普查成果图；

3.对普查成果和文件资料进行数字化处理；

4.起草地名普查工作总结；

5.起草地名普查成果上报审批报告。

（九）验收。地名普查验收由国务院地名普查办负责组织，各省级地名普查办负责本行政区域验收工作的具体实施。验收内容包括组织实施和普查成果两个方面。县（市、区）第二次全国地名普查领导小组办公室（简称县级地名普查办）先行自查，根据自查情况改进后报地（市、州、盟）第二次全国地名普查领导小组办公室（简称地级地名普查办）进行核查；地级地名普查办根据核查情况进一步完善后报省级地名普查办验收；省级地名普查办验收后，报国务院地名普查办抽查复验及全面审核；国务院地名普查办审核合格后，结合工作总体情况，出具关于各省（自治区、直辖市）第二次全国地名普查的意见。为确保地名普查质量，国务院地名普查办设立由有关地名专家和技术人员组成的监理组，对普查工作进行监理。各省（自治区、直辖市）是否设立监理组，可视情而定。

（十）成果审定。第二次全国地名普查成果由国务院地名普查办组织审核后报领导小组审定。

（十一）上报归档。普查成果验收合格后，逐级上报。完成普查文件、资料、成果等的立卷归档工作。

（十二）编纂出版地名出版物。民政部负责组织编纂出版全国性地名图、录、典、志等出版物。地方各级地名主管部门负责组织编纂出版本行政区域的地名图、录、典、志等出版物。

（十三）开展地名信息化服务建设。利用地名普查成果，建立完善地名网站，开发研制地名信息化服务产品。

七、工作要求

（一）各地要加强组织领导，统筹协调，严格按照《第二次全国地名普查工作规程》和有关政策规定、技术标准等开展工作。

（二）要做好有关资料、数据和信息的分类管理工作。涉密资料、数据和信息须严格保密。

（三）跨省级行政区域界线地理实体名称，相关省（自治区、直辖市）表述不一致时，要充分协商确定。协商不一致的，报国务院地名普查领导小组确定。

（四）在军事管理区等敏感地区开展地名普查时，要事先与驻军单位沟通。

（五）要积极稳妥地做好涉及民族地区以及有争议地区的地名命名更名工作。

（六）各地应当通过报刊、广播电视和互联网等新闻媒体以及宣传栏、街路牌广告栏等多种宣传工具，广泛宣传第二次全国地名普查工作。

附录 4

北京市开展第二次全国地名普查工作实施方案

为在本市认真开展第二次全国地名普查工作，根据国务院《关于开展第二次全国地名普查的通知》（国发〔2014〕3 号）精神和国务院地名普查领导小组《第二次全国地名普查实施方案》（国地名普查组发〔2014〕1 号）要求，结合实际，制定本方案。

一、总体要求

全面贯彻落实国务院关于第二次全国地名普查工作的部署要求，以《第二次全国地名普查工作规程》为指导，按照统一领导、上下联动、分工协作、合力推进的原则，扎实开展地名普查工作，积极推动成果转化应用，为服务首都经济社会发展、方便人民群众生产生活提供支持和保障。

二、范围和任务

普查范围：本市行政区域。

普查任务：查清地名基本情况，对有地无名但有地名作用的地理实体进行命名，对不规范地名进行标准化处理，设置标准规范的地名标志；建立完善市、区县两级地名和区划数据库，加强信息化服务建设，组织开展标准地名图、录、典、志等出版物编纂，建立地名普查档案，推动普查成果转化应用。

三、组织领导

成立北京市第二次全国地名普查领导小组（以下简称市地名普查领导小组），负责地名普查工作的组织领导，审议重要地名命名、更名事项，协调解决普查中的重大问题。市地名普查领导小组办公室（以下简称市地名普查办）设在市规划委，承担领导小组日常工作，负责地名普查工作的组织实施，落实领导小组议定事项，协调解决普查实施过程中的具体问题。各区县政府也要成立地名普查领导小组，负责组织本行政区域地名普查工作。

四、时间安排

按照国务院部署，此次地名普查自2014年7月1日开始，2018年6月30日结束。本市普查工作分为前期准备、普查实施、检查验收、成果上报4个阶段实施，普查标准时点为2014年12月31日。

（一）前期准备阶段（2014年7月至12月）。

成立组织机构，制定实施方案，编制技术规范，开展业务培训，进行动员部署。

（二）普查实施阶段（2015年1月至2016年6月）。

以区县行政区域为地名普查工作单元，全面开展地名普查及成果编制工作。

（三）检查验收阶段（2016年7月至2017年6月）。

对普查成果进行汇总，并组织检查验收。

（四）成果上报阶段（2017年7月至2018年6月）。

完善并上报地名普查成果，建立档案，开展普查成果转化利用。

五、具体步骤

（一）制定方案。各区县政府要根据本方案，结合实际，制定地名普查具体实施方案，并报市地名普查领导小组批准。

（二）培训人员。市地名普查办负责组织对地名普查人员进行培训。

（三）收集资料。全面搜集与地名相关的历史沿革、地名含义及相关属性信息资料，对涉及地名的图、录、典、志等资料进行整理、甄别、论证和审定，补充完善每个地名的属性信息并录入电子表格。

（四）实地踏勘。平原地区以1∶2 000地形图制作工作底图，山区以1∶10 000地形图制作工作底图，通过实地对照，核实补充地名信息。对新增地名、消失地名、不规范地名等分别在工作底图上进行标记，同时采集相关地名的位置坐标及多媒体照片。

（五）标准化处理地名。根据国家和本市地名管理的有关法规，按照地名命名、更名的审批权限和程序，对普查过程中发现的有地无名但有地名作用的地理实体进行命名，对不规范地名进行审定和标准化处理。

（六）制作成果。完成“四表一图一库一目录”地名信息普查汇总工作，即填报地名成果表、地名标志登记表、地名用字读音审定申报表、地名标准化处理统计表，标绘地名普查成果图，建设完成市、区县两级地名和区划数据库，填报地名目录。

（七）检查验收。市相关部门和区县政府围绕组织实施和普查成果两个方面进行检查整改，并经市地名普查办核查验收后，报国务院地名普查办抽查复验及全面审核。

（八）上报归档。地名普查成果验收合格后，逐级上报，完成普查文件、资料、成果等的立卷归档工作。

（九）编纂出版地名出版物。市地名普查办负责组织开展标准地名的图、录、典、志等出版物编纂工作。

（十）推动地名信息化服务建设。充分利用普查成果数据，建立完善地名网站，实现资源共享，在公共服务、公共安全、应急指挥等领域广泛应用。

六、工作要求

（一）加强配合。市规划、民政部门要发挥好牵头作用，及时与各区县政府沟通联系，做好统筹协调和服务保障工作；其他市有关部门要充分发挥职能优势，及时协助提供相关资料，为地名普查提供便利。

（二）严格标准。市有关部门和各区县政府要强化质量意识，严格按照《第二次全国地名普查工作规程》有关标准和规范，认真调查、广泛搜集、严格考证、如实填报，确保普查数据真实可靠。

（三）广泛宣传。要充分利用报刊、广播、电视和互联网等媒体，采用群众喜闻乐见的形式和方式，大力宣传第二次全国地名普查工作，营造良好的舆论氛围。

（四）及时督导。市和区县地名普查办要及时了解普查进展情况，加强对普查进度、经费管理及有关业务方面的监督指导，切实把地名普查各项要求落到实处。